逆さメガネで覗《のぞ》いたニッポン

養老孟司

PHP文庫

○本表紙図柄＝ロゼッタ・ストーン（大英博物館蔵）
○本表紙デザイン＋紋章＝上田晃郷

文庫版まえがき

この本は始め、いわゆる語りおろしにするはずだった。私が話をして、それを編集者がまとめる。ところが原稿が上がって来てみると、なんだか気に入らない。仕方がないからホテルに缶詰めにしてもらって、書き直した。というより、新たに書いてしまった。そういう記憶がある。

なぜそうなったかは、私には明らかだった。話の中身が常識とずれている。そこを編集の人が常識よりに直してしまう。そうなると、本当はなにがいいたいのか、よくわからない本になってしまう。教育に関する自分の見方は、世間一般の人の見方とはかなり距離がある。つまりズレている。それを痛感させられる機会だった。どうせズレているなら、そのままずらしておいた方がいい。それが私の結論だった。だから書き直したのである。

文章は語りおろしの形に作った。いまになって読み返すと、語尾がややウルサイ。それは「話を書いた」ためである。日本語の口語文は、話し言葉とはやや違う。漱石以来の日本語は、いまだに言文一致になっていない。ときどき「話すように書く」ことを試みてみるが、なかなか難しい。

内容は書いた時と現在とで、べつに変わっていない。ただその後、さらにいろいろなことを考えて、それがいくつかの本になった。根本の見方は変わっていないから、最近書いた本と比較されても、中身が似たようなものだとおわかりいただけるであろう。

教育の根本は独学である。さらにその根本は学ぶ気持ちである。それさえあれば、あとはどうにでもなる。いくら高級なことを教えても、相手にその気がなければ、なにも伝わらない。「先生」という言葉も、よく使われる割には、中身が死語に近づいた。なぜ「先に生まれた」ことが大切なのだ。若い人はそれを疑問に思う。疑問に思えばいいほうで、いまや「先生」は社長と並んで、ただの敬称になった。私もよく知らない人に「先生」と呼ばれる。そういう時には「あんたになにか教えた覚えはないよ」と言い返す。

とはいえ、かならずしも教えるのが先生なのではない。こちらに学ぼうという気がありさえすれば、ネコだって先生である。うちの先生はほとんど寝てばかりいるが、あれを見ていると、いつも思う。うちの先生は人生の達人だなあ。ああやっていても、十分に元気に生きていけるのに、自分はどうだ。死にそうに暑いというのに、クーラーを入れて、パソコンに向かって原稿を書いている。

最近思うことだが、ヒトの学びには五感を通す場合と、意識の中でひたすら考えることの二つがある。現代社会では五感を通して学ぶ機会が減った。SNSだって目で見て、耳で聞くが、問題はそれが「意味に直結する」ことである。自然の中にいると、意味のない存在がイヤというほど目につく。意味のないものを見て、意味を創り出す。そういう学習がほとんど消えた。

他方、頭の中で考えるのも大切である。ただしこれもいまの人は一段階しか考えないような気がする。なにかを見聞きして、すぐにけしからんとか、イイネとかいう。もう一段階、先を考えると、そう簡単に怒ったり、いいと思ったりはしないはずである。それで黙って考えていると、バカだと思われかねない世界になった。

現代人は脳を広く使う。それはそれでいいけれど、一つのことをしっかり考える。脳でいえば、一つの場所を強く使う。そういう集中力がなくなってきたと言われる。考えがあちこちに散らばってしまう。立ち止まって、ゆっくり考えるのには、やはり自然の中がいい。昔からあって、いまでもあるもの、自然とはそういうものである。その中で考えたら、つまらぬことを考えてジタバタしないで済むと思うのだけれど。

まえがき

この本は教育についての試論です。教育という題材をとおして、ものごとの見方や考え方を述べたものです。

ふりかえってみると、私は小学校に入ってから、学校というものに関係していなかったことは、わずか一年しかありません。それならほとんど一生を、学校関係で過ごしてきたわけです。その間に考えたことを、体系的ではなく書いてみました。

学校関係といっても、そのほとんどは大学ですから、「そんなものは学校とはいえないよ」と思う方も多いかもしれません。よくいわれることですが、大学の教師に資格は不要です。大学が認めさえすればいいのです。ところが、小学校や中学校の教師になろうと思えば、それなりの資格をとる必要があります。むろん私は、そんな資格は持っていません。だからこの本は素人の教育談義です。

話の基本は「逆さメガネ」です。逆さメガネをかけると、視野の上下が逆転します。上下が逆転しても、しばらくそのまま訓練していくと、ほぼふつうに行動できるようになります。上下ではなくて、左右を逆転するメガネもあります。

この特殊なメガネは、そもそも遊び道具ではなく、人間の知覚や認知を調べる実験道具なのです。そういうメガネをかけても、しばらく慣らせばふつうに動けるということは、人間の脳の適応力の大きさを示しています。

とくに子どもにはそうした柔軟性があります。だから社会が逆さまになっていても、それなりに慣れてしまうのです。逆さまだって、ふつうに行動できるなら、それでもいいじゃないか、という考え方もあるでしょう。だから上下や左右が逆転しても、世の中はいちおう動くわけです。でも、社会が逆さまであったら、子どもはいつも逆さメガネをかけたような状態になっているのです。

メガネをかけるというのは、うっとうしいものです。そんなものなしに、裸眼で世界がすなおに見えたら、そのほうがいい。なぜならメガネを買う必要も、メガネを手入れする必要もないからです。

偏見をもって見ることを、「色メガネをかけて見る」と表現することがあります。現代社会の人は「色メガネ」どころか、「逆さメガネ」をかけてるんじゃないか。私はときどきそう思うのです。

多数の意見だからとか、みんなと同じだからといって、それが当たり前だと思って見ているとしたら、そういう人たちは自分が逆さメガネをかけていることに気がついていないのかもしれません。

逆さメガネをかけているのは、お前じゃないか。そういわれそうな気もします。どちらがどうかは、どちらが楽か、それで決まるといってもいいと思います。

私はこの本に書いたように考えるほうが楽ですが、世間の人はそうは思わないかもしれません。世の中は多数決ですから、私もいちおうは多いほうに従ってきました。ただ、いまのままでは具合が悪いんじゃないの、と感じることは、世間の人より少し多かったかもしれません。

私のように思っているのだけれど、多くの人が反対のことを考えているから、これまで意見がいいにくかったという人もあるかもしれません。この本が、そういう人のお役に立てば幸いです。

ときどき、私の書いた内容が間違っていると、教えてくださる人があります。私にとってはありがたいことです。とても勉強になります。ですから本人は喜んでいますが、同時に思うことがあります。本というのはしばしば間違っているものだということです。そこは忘れないでください。私のいっていることがすべて「正しい」などと思われたら大変だから、余計なことですが、付け加えておきます。

私が書いているのは、議論の種であって、ご託宣《たくせん》ではありません。「教育をどうしたらいいんですか」。そんな質問にストレートに答えるつもりはありません。六十五歳になったいまでも、自分の教育だって、まだ続いているんですから。

昨日も私の顔を見ながら、女房がいいました。「あんたは本当に人を見る眼がないんだから」。本人もそう思ってます。それで、まともな教師になれるはずがないじゃないですか。どうやって人を見る眼を養うか、それはいまだに私の課題です。

もう一つ、この本にあえてあまり書かなかったことがあります。それは理科系の事実です。子どもの研究はどんどん進んでいます。でも発達の研究をするためには、子どもが生まれてから成人するまで、ほぼ二十年近くをていねいに見ていかなければなりません。テレビが子どもにどんな影響を与えるか、単にそれをきちんと調べるだけで、最低でも十年はかかります。そういう研究は、やっと進みだしたところです。これから十年、二十年すれば、教育の議論はかなり違ってくるはずです。そうした研究の結果が出てくるはずだからです。

でも、それまでなにも考えないというわけにもいきません。ここで私が述べたことの当否は、その時期になれば、わかるはずです。その頃には私は死んでいるかもしれませんが、どれだけ当たっているか、自分なりに楽しみでもあります。それまで生きていられれば、と心の底では思っているのです。

逆さメガネで覗《のぞ》いたニッポン

目次

第1章　現代人の大きな錯覚――〈逆さメガネ〉の教育論

第2章 都市化社会と村社会——脳化社会の問題

第3章 身体感覚を忘れた日本人――都市化と身体

第4章 大人の都合と子どもの教育――問題は親にあり

第5章 変わる自分、変わらない自分——心と身体の関係

第6章 人間が幸福にならない脳化社会――意識的世界の限界

第7章　ふつうの人が幸福に暮らせる社会――共同体を生きる

エピローグ 男と女は平等か――人間を分割してしまうもの

第1章

現代人の大きな錯覚

〈逆さメガネ〉の教育論

人間とはなにか、社会とはどういうものか――教育の前提

ここ半世紀の間、日本社会が考えてきたようで、いちばん考えてこなかった問題、それは教育じゃないでしょうか。

そんなことはない。文部科学省から教育委員会、現場の先生から父兄まで、教育について十分に考えてきた。そもそも文部科学省は、教育について考えるのが仕事じゃないか。それを「考えてない」とはなにごとか。もちろんそう叱られるでしょうな。

たしかにいまは教育基本法の改定もしています。「生きる力」とか、「ゆとり」とか、「総合学習」とか、そういう言葉もよく聞きます。それなら教育について、さんざん考えられてきているのは、確かじゃないですか。

私のいいたいことは、それとは別なんです。教育について議論する以前の話、人間とはなんだとか、人はなんのために生きるかとか、いまの社会とはどういうものか、そのことです。むずかしくいうなら、議論の前提です。それをもとにし

て、教育をどうするか、決めるわけでしょう。その常識が変であれば、教育はもちろん変になります。

教育を建築だと考えてみましょう。子どもという生の材料を、大人というちゃんとした建物にするわけです。建築については、専門家はたくさんいます。建築家、大工、インテリア・デザイナー。水道屋、電気屋、たぶん左官屋もいりますな。教育については、それが文部科学省のお役人であり、先生方であり、教育学の専門家等々になるわけです。教育基本法とは、つまり建築基準法です。ちゃんとした家が建つように、基本的なことはきちんと決めておくわけです。

私は行ったことはないんですが、東京ディズニーランドというのがあります。その近くのホテルで、地面が沈下して困っている。そういう話を聞いたことがあります。私の教育論は、そこなんです。建物を建てるのが教育だとしたら、私は地面を調べているだけです。地面が斜めなのに、家をまっすぐに建てるわけにはいきません。

岐阜県に養老町というところがあります。残念ながら、私と直接の関係はない。そこに「養老天命反転地」という、変わった公園があります。荒川修作さんの設計です。全体がごく浅いすり鉢状の、いわゆるテーマパークと呼ばれるような施設です。その中を歩くと、これが面白い。すり鉢ですから、じつは地面がやや傾いています。しかしすり鉢の中にいると、その傾きに気づかないのです。だから、なんでもないと思う傾斜の階段が、じつは急傾斜で、うまく降りられなかったりします。工事の人が何人もケガをした。そんな話も聞きました。視覚にだまされるんですね。

世の中の常識が傾いているのに、そのことに気がつかないことがある。だから、ふつうの人と違う「逆さメガネ」をかけて、ものを見ることも必要なんです。社会全体がある方向に傾斜していると、その社会の中では、それが見えません。だから外国ではどうか、と観察するわけです。自分の国だけ傾いているなら、そのことに気づきます。ところがその外国まで、傾いていたらどうなるか。世界全体が「養老天命反転地」の中ですな。その傾きを、私は「都市化」といいます。アメリカも西欧も、日本も、いまでは中国も都市化しつつあります。たぶんそれが、教育の根本問題なのです。

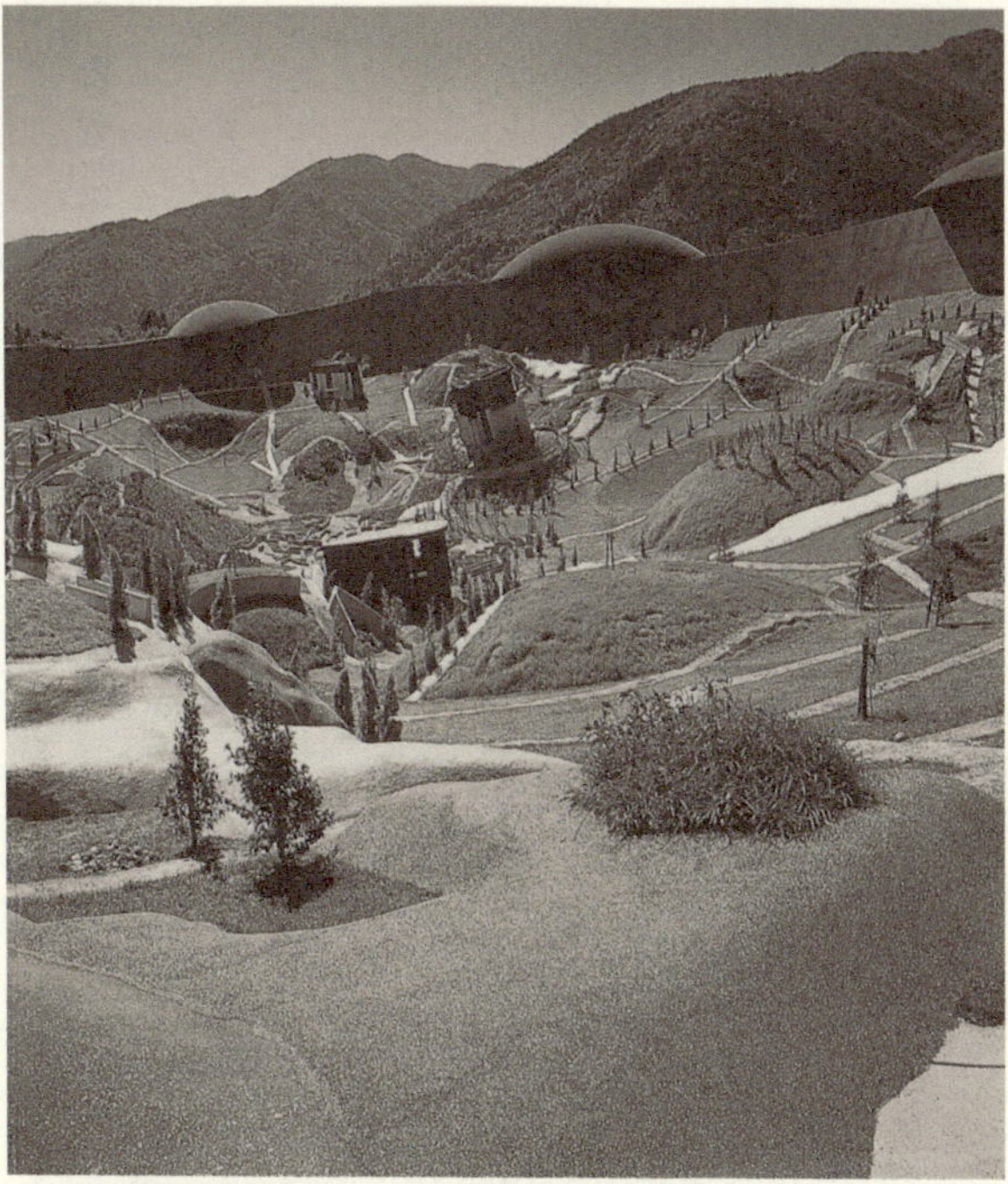

養老天命反転地の風景(岐阜県養老郡養老町高林)。
すべて斜面によって構築されているため、バランスや感覚の秩序に混乱をきたしながら歩き回る公園施設。

なぜ「子どもは自然」なのか？

いま教育を考えるときに、いちばん大切なことは、なんでしょうか。それは、子どもは人間が意識的に作ったものじゃないということ、つまり「自然」だということです。

戦後の日本では、自然はひたすら壊されてきました。そういってもいい過ぎではないでしょう。たとえば建設省や農水省は、川を人工河川に、海岸を人工海岸に変え、森を削って道路を通し、田んぼの側溝をコンクリートにしてきました。いわゆる自然破壊です。

子どもが「自然」に属するものなら、そういう傾向とまったく同じことが、教育に起こったのではないでしょうか。いや、起こらなかったら、むしろ不思議じゃないですか。

ふつうの人は、緑といえば自然だと思うけど、子どもも自然だという考えは、なじみが薄いかもしれません。それなら子どもは自然だということを、まず説明しなければならないでしょう。

どうして子どもは自然か。自然の反対は人工ですが、人工とは要するに人間が意識で考えたことです。現代社会で起こる多くのできごとは、じつは人間が意識的に考えてやってることです。神戸の大震災のような例外を除けば、都会では意識以外のもの、つまり自然はないに等しい。むしろ都会に自然は「あってはならない」のです。だから「自然破壊」なのです。

たとえばホテルの部屋にゴキブリがいたら、お客はまず文句をいうでしょう。あるいはアリが歩いていたって、文句をいうかもしれない。そういうものが出て来るというのは、だれの意図でもない。だれの「つもり」でもないもの、人間の意図から発したものではないものが、ここにあっては、いけないんじゃないか。それが現代人、すなわち都会人の暗黙の考えです。

だから雑草というのです。だれも植えたつもりはない。勝手に生えやがって。つまりそれは「自然に」生えたわけです。都会の人はそれを許さない。昭和天皇はおつきの人が雑草というと、世の中に雑草というものはございません、と訂正なさったそうです。これは陛下のほうが正しい。どんな草でも、ちゃんとした和名がありますから。

それなら、そこらに生えている雑草の名前でも覚えようか。そう思う人がありますか。ないでしょう。そんなことしたって、一文《いちもん》にもならん。植物学者じゃあるまいし、雑草の名前を覚えてどうなる。ホラ、だから子どもにも関心がないんですよ。雑草つまり自然に関心を持っても、いまの生活では、なんの役にも立ちませんからね。

子どもは雑草じゃない。なにをいってるんだ、お前は。そんな声が聞こえるような気がします。その通り、子どもは雑草じゃないんですが、でもとりあえず雑草なんです。子どもはやがて大人になるもので、大人はもはや雑草ではない。しっかり「意識」がありますからな。ところが子どもはまだ大人じゃない。子どもはいわば自然から人工へ、移り変わっていく途中の存在なのです。そんなものを相手にしてもしょうがない。大人になってから来なさい。いわゆる大人は、結局はそう思っているんでしょうが。

親は産んだつもり、子どもはひとりでに生まれたつもり

いまの親は、子どもを作るか作らないか、そこから考えて産むのがふつうです。いっておきますが、昔は子どもは「授かりもの」だったんですよ。いまの親は、授かったなんて思いもよらない。産む産まないは親の勝手なんていってます。それなら子どもなんて、まさに「意識の産物」じゃないですか。親がいろいろ自分の都合を「考えて」産んでるんですから。

いまの人は、暗黙のうちに、子どもは「意識の産物」だと信じているんですよ。でもそれは話が違います。どこが違うか。子どもの立場から見ていないんです。皆さんが子どもだったときのことを考えてみてください。自分がこの世に生をうけた。それを考えたときに、だれでも気がつくはずのことです。

つまり「私」が生まれてきたのは、自分が生まれようと思った結果ではない。私がこの世に生まれてきたのはどうしてか。じつはそこに意識的な理由はない。親はともかく、少なくとも自分の意識のほうには、そんな理由はないっていうこ

とを発見するんです。

だから反抗期になって、それに気がつくと、「頼んで産んでもらったわけじゃねぇ」なんて、親に悪態をついたりする。親としてそれにいい返す言葉は一つっきゃありません。「俺だって同じだ」。

自分が生まれようと思って、生まれてきたわけじゃない。それがすなわち「自然」だということです。自分のそもそもの始まりが、自分自身の「つもり」から起こったことではない。人間の面白いところですな。親は「産んだ」つもり、子どもは「ひとりでに生まれた」つもり。でもどちらも本当でしょうが。

自分自身の意志でないということは、自分にとっては、あらかじめ予定がないということです。この子はどういうふうに育つか、将来なんになるか。そんなことは決まっていません。天皇家のようにきわめて特殊に、子どもの将来を社会的に決めている場合もありますよ。でもそれは生まれてくる子ども自身の意志ではない。

イギリスでは、恋愛関係でもつれて、辞めちゃった王様がいましたな（一九三六年、エドワード八世とシンプソン夫人のスキャンダル）。生まれつきは王様だったんだが、もう辞めた。なかなかできないことですな。

ともあれ子どものように「どうなるかわからないもの」、それがじつは自然というものです。自然は根本的には正体不明です。子どもは正体不明ですから、将来ほんとに偉い人になるか、犯罪者になるか、だれにもわからない。自分でもわからない。現代社会で子どもが受け入れられにくい理由が、それでなんとなくわかるんじゃないんですか。

都市化社会は、自然を「ないこと」にしている

戦後日本は、短くいえば都市化しました。戦後の日本社会に起こったことは、本質的にはそれだけだといってもいいくらいです。そこでは皆さんは自然を「ないこと」にしています。

たとえばいま私は、都内のホテルにいます。ホテルの庭には、木が植えてあります。こういう地面が都内のどこかにあったとすると、おそらく都会の人の感覚

では、あそこに「空き地がある」というでしょう。つまり人間が利用しないかぎり、それは空き地だという感覚です。

空き地って「空いている」ということでしょ。ところがそこには木が生えて、鳥がいて、モグラがいて、虫がいるかもわからない。都会の人にとっては、それでもそこは「空地」でしかない。

それなら、木も鳥も虫もモグラも、「いない」のと同じです。なにしろ空き地、空っぽなんですから。だからそれと同じ意味で、いまは「子どもがいなくなった」わけです。自然がなくなった。要するに木が生えている場所は、空き地に見える。そうすると、木のようなものは「ないこと」になっちゃう。

この「ある」とか「ない」という言葉は、面白い言葉ですな。私は以前、トガリネズミを調べていましたし、いまはヒゲボソゾウムシという変な虫を調べてます。どちらもふつうの人にとっては「いない」生きものです。「そういう生きものが日本にいるんですよ」といえば、「ああ、そうか」、と皆さんいうかもしれません。でも名前を聞いたとたんに、もう忘れてるに違いない。つまりそんな生物は「ない」んですよ。ふつうの人にとっては。

でもいるでしょうが。だからこそ、名前があるんでしょうが。そうなんですが、そりゃ理屈です。たとえそんなものに名前があったって、あたしの人生には関係ない。ほとんどの人が本音ではそう思うでしょう。だからすぐ忘れる。というより、覚えようがない。見たこともないんだから。

これをむずかしくいうと、「ない」というのは「現実ではない」ということなんです。皆さんは「現実」という言葉を、私のようには使わない。それはよく知ってます。面倒な話かもしれませんが、まあ、聞いてください。

現実とはなにか——百円玉とヒゲボソゾウムシ

現実とはなにか。それは皆さんの「行動に影響を与えるもの」なんです。だからそれは「人によって違う」。ヒゲボソゾウムシが歩いていると、私は立ち止まるんです。どういうヒゲボソゾウムシか、確認したいと思うわけです。ヒゲボソゾウムシにも、じつは何種類もありますからな。でもふつうの人なら、足が止まりません。緑色の虫がチラッと目に入るかもしれませんが、そのまま行き過ぎます。ところがチラッと見えたものが百円玉なら、たぶん足が止まる。つまり百円玉は皆さんの「行動に影響する」わけです。ところが見えたのがヒゲボソゾウムシだと、立ち止まらない。私の定義では、それならヒゲボソゾウムシは、皆さんにとって「現実ではない」が、百円玉は「現実である」というわけです。

そんなことはないよ。私が知っていようが、知るまいが、この世に実存するものが現実なのだ。あたしゃそんな虫は知らないが、専門家がいるというなら、そりゃいるんだろうが。ふつうはそう考えます。それが現代人の巨大な錯覚ですな。じつはそれは単なる知識であって、知識はむろん「現実ではない」わけです。

知識と現実はどう違うか。だから行動に影響するものが現実だ、といったじゃないですか。逆に知識が行動に影響するなら、それは現実なんですよ。ただし「その人にとっては」、です。だから現実は「人によって違う」んですよ。

現実とはこの世に厳《げん》として存在する唯一の実在を指す。一つしかないんだから、「人によって違う」わけがないじゃないか。「本当のこと」は一つに決まっているじゃないか。皆さんはそう思っていたんじゃないんですか。NHKなんか本気でそう思ってますもの。報道は公平、客観、中立だと主張してます。それでなにが悪い。そういわれそうです。べつに悪いとはいいませんが、そんな考えに意味はないでしょ。

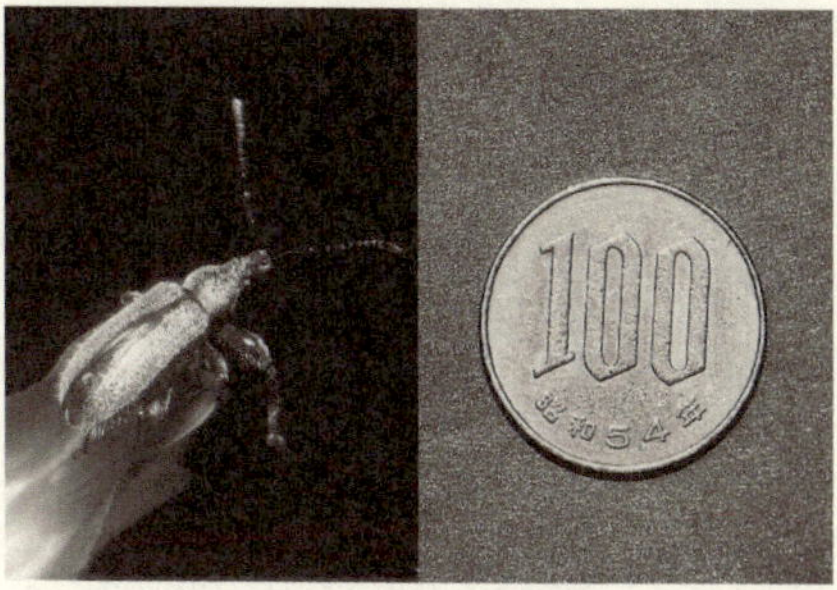

ヒゲボソゾウムシの一種と百円玉。あなたにとってどちらが現実か？　©imamori mitsuhiko/nature pro./amanaimages

あんたのいうことのほうが、よっぽど意味がないよ。私がどう思おうが、現実は現実だよ。またしても皆さんは、そうおっしゃるのではないですか。

家に帰れば、女房がいる。それが現実じゃないか。俺は顔も見たくないんだが。その女房に会いたがって、一生懸命誘っている男がいる。じゃあ、その女房って、どんな人なんですか。亭主にとっては顔も見たくない存在だが、恋人にとっては、なくてはならない人だったりする。この二人の男は「現実」について、絶対に意見が一致しないでしょうな。

それなら現実って、どっちなんですか。どちらでもない。

客観的かつ中立な状態があるはずだ。そんなもの、ありゃしません。

強《し》いていうなら、あなたの立場が客観的で中立でしょうな。そのあなたにとって、他人の女房だの恋人だのは「どうでもいいこと」じゃないですか。そんな人がどうなろうが、あなたの「行動に影響はない」でしょうが。

大学へ行くとバカになる

突然思い出しましたが、私が高校生くらいの時代は、大学に入ることは、まだいまほどふつうじゃありませんでした。私の母親は町医者で顔が広かったから、私が町を歩いていると、母親の知り合いによく出会いました。

あるとき母の知り合いのある婆さんに出会った。ごくふつうの人、いわゆる庶民ですな。

「あんた、いまどうしてんの」と、その婆さんが私に聞く。

「高校三年生です」

「じゃ、まもなく卒業だね、卒業したら、どうすんの」

「大学に行くつもりです」

「そうかい」

そこで婆さんはしばし私の顔を眺《なが》めて、しみじみといったものです。

「アンタね、大学に行くのはいいけど、大学に行くとバカになるよ」

お前が典型だよ。読者の皆さんはそう思ったかもしれません。それはともかく、大学に行けば知識がつく。でもそれが「行動に影響」しなければ、単なる知識に止まる。婆さんはそれをいいたかったわけです。大学出はいろんなことを知っているが、やらせてみると、田んぼ一つ、手入れできないじゃないか。

知識が増えても、行動に影響がなければ、それは現実にはならないのです。江戸時代には陽明学というのがありました。一方、当時の官学は朱子学で、これは湯島の聖堂ですな。

林大学頭《はやしだいがくのかみ》というのがいて、いってみれば東京大学総長です。畳の上に座って、偉い先生の講釈を聞く。朱子学にはそんなイメージがあります。

陽明学はそれとは違います。知行合一《ちこうごういつ》を主張する。知ることと、行うことは一つだ、一つでなけりゃいけない、という。私流にいうなら、知識を現実にしてしまえ、というわけです。これを単純に信じ込むと、ブツブツいわずに実行しろ、となる。だからうっかりすると、テロリストになります。大塩平八郎の乱ですな。三島由紀夫も陽明学に凝《こ》ったという。これはじつは話がちょっと違う。陽明学の本当の意味は、あとで何度も説明します（第3、6章）。

しかしともあれ、ここでいいたいことは、「現実は人それぞれ」「あなたの行動に影響するものが、あなたの現実だ」という、この二つの定理です。

いまの社会では自然そのものには「価値がない」

さて、話を「自然がない」というところに戻します。自然がない、だから子どももいないという話です。なぜ自然がないかというと、空き地の木には、いわゆる社会的価値がないから。要するにいままでは、「それを売ったらいくらになるか」という話だけでしょ。子どもは売れません。木もたまにしか売れませんな。

岡山県の古い神社で、宮司さんが社殿を建て直したいと思った。小さな神社ですよ。その宮司さんがなにをしたかというと、境内に生えている樹齢八百年のケヤキを切って売った。その金で社殿を建て直した。八百年のケヤキを保《も》たせておけば、二千年のケヤキになるかもしれない。何人の人がそれを眺めて、心を癒すことか。それを売ったお金で建てた社殿は、千年はぜったいに保たないでしょう。それを平気で売って、社殿を建てる。それがいまの世の中です。

いま社会的価値といいました。その価値とは、つまり「現実」と深く関わっているわけです。いまの社会では、自然そのものには「価値がない」のです。お金にならないかぎり価値がないということは、それ自体には価値がないということです。なぜ価値がないかというと、多くの人にとって、自然が現実ではないからです。つまり自然が行動に影響を与えないのですよ。

不動産業者にとっても、財務省のお役人にとっても、地面に生えている木なんて、切ってしまうだけのものです。だれかに切らせて、更地にする。どうして切るかというと、本来「ない」はずのものだからです。雑草と同じですな。

そこに木が生えているから、家の建て方を変えよう。森があるから、町の作り方を工夫しよう。そう思うなら、木や森はあなたにとって現実です。でも、いまそんな主張をしたら、こういわれる。「なんで木や森に遠慮しなけりゃならんのだ」。そういう意見がかならず出るはずです。木があるんだから、大事にして当たり前でしょうが。そういったら、じゃあ、それで余分にかかる費用は、あんたが持て。そういわれるでしょうな。

更地にする人にとっては、木は「現実ではない」。現実ではないのですが、実際には生えてますから、邪魔だといい、金にならないという。そうやって木を「消す」。頭の中から消し、実際に切ってしまって、「現実でなくする」。不動産業者もお役人も、自分が扱っているのは「土地そのもの」だと思っている。土地なんですから、更地に決まってるじゃないですか。まして地面の下に棲《す》んでるモグラや、葉っぱについている虫なんて、まったく無視されます。「現実ではない」からです。

子どもの将来は計算できない

そういう世界で、子どもにまともに価値が置かれるはずがない。子どもにどれだけの元手を掛けたらいいか。そんなことは計算できません。この子は先行きどうなるかわからないっていう、根本にはその疑問があるわけです。さんざんお金をかけても、ドラ息子になるかもしれない。現代社会では、そういう先が読めないものには、利口な人は投資しないのです。だから子どもがいなくなる。

現に子どもはいるじゃないか。でもそれは、いまいった空き地の木ですよね。あるにはあるんだが、子ども「それ自体」には価値がない。いまの社会では、自然そのものには価値がありませんから。現実ではないものに、価値のつけようはない。

いまの子どもは、早く大人になれっていわれているといってもいい。意識の世界は大人が作る世界です。その世界の中にさっさと入れと、子どもはいわれている。いつまでもお乳なんか飲んでる場合じゃない。そういう感じでしょ。

だから幼児期というものは、「やむを得ないもの」になった。もっと明確にいうなら、必要悪になっているんです。子どもがいきなり大人になれるわけがない。でも、いきなり大人になってくれたら便利だな。親にしてみれば、どこかでそう思ってるんじゃないんですか。

ところが田畑を耕して、種を蒔《ま》いてる生活から考えたら、子どもがいるというのは、あまりにも当たり前なんです。人間の種を蒔いて、ちゃんと世話して育てる。育つまで「手入れ」をするわけですが、稲やキュウリと同じで、それで当たり前です。そういう社会では、子育てと仕事との間に原理的な矛盾がないわけです。具体的にやることも同じです。基本は「ああすれば、こうなる」ではなく、あくまで「手入れ」なんですから。

都市で働くときの原理――「ああすれば、こうなる」

会社のような組織の中で働くと、仕事には、手入れとは違った合理性が徹底的に要求されます。その合理性を私は「ああすれば、こうなる」と表現します。

そんなバカなことをして。こういう結果になるに決まってるじゃないか。都会の人は上役からそう叱《しか》られます。頭の中できちんとシミュレーションをして、望ましい結果になるように、自分の行動を調節せよ。それをたえずやらされるわけです。だからどうしたというのだ。それでなにが悪い。またまた、そういわれそうです。

じつは子育てはそうはいきません。「ああすれば、こうなる」どころか、しばしば「どうしたらいいか、わからない」ということになりかねないのです。子どもが悪いことをしたからって、首をくった父親がいたじゃないですか。自然とはもともと、どうなるかわからないものです。子どもは車ではない。部品が全部、わかっているわけじゃありません。そういうものが「どうなる」か、完全にはわからないのです。

人間が相手にする対象が、都会と田舎ではまったく違います。意識的に作られたものであれば、都市的合理性、つまり「ああすれば、こうなる」でとことん押していけます。自動車が動かなければ、かならずどこかが壊れているんですよ。さもなきゃ、ガソリンが入ってないんです。どこが壊れているか、調べれば、かならずわかる。どこも壊れていないのに、それでも動かない車、そんなものがあれば、一種の怪談です。人間が作ったものなんですから。

都会には人間の作ったものしか置いてない。さっきそういいました。子どもはそうはいきません。うちの子はなんだか変だといっても、設計図がもともとないんですから、どこが壊れているのか、そもそも壊れているのかどうか、それがわからない。

子どもはもともと、その意味で不合理な存在です。都市における日常の思想と、子育ての思想の矛盾、意識を相手にするか、自然を相手にするかという違い、それが少子化のいちばん基本的な原因だと私は思います。だから同時に、少子化と教育問題が同じ根から生じることになります。

子どもをもう産みたくない。子どもを持ってもしょうがないじゃないか。それが少子化です。それはつまり空き地の樹木状態ですよね。木なんか生やしたって、売れるか売れないかわからない。そんなもの、どうする。そういう話でしょ。

それよりもっと確実に儲《もう》かる話があるんじゃないか。儲かるっていう表現は悪いけれども、かならずしも経済の話だけじゃありません。子育てより、もう少し自分にも社会にも役に立つことがあるんじゃないか。そういう感覚になる。

そうすると、こうやったら立派な木に育つんじゃないかというふうなことについては、考えたくない。ノウハウもない。そのくらいなら、きちんと頭で考えて、きちんと結果が出ることをやりたい。つまり秀才の世界です。だから都会では入試が大変になる。いまは田舎でも大変でしょう。つまり日本中が都市化したわけです。

シミュレーションをやって、その結果作った宇宙船がちゃんと飛ぶ。そういうことに都会人は感心します。日々手入れをして、作物をちゃんと育てる。そのつもりが冷害で、収穫がなかった。そんなことは、逆にしたがりません。あんなことして、バカだなあと思っている。それなら少子化の理由は明瞭じゃないですか。子育てはシミュレーションが効かないのです。

シミュレーションが効かない状況になると、都会の人は「どうすればいいんだ」とかならず訊《き》きます。この質問が出ること自体、「ああすれば、こうなる」が前提になっているじゃないですか。そこで「シミュレーションが効かないんだよ」とまたいうと、「じゃあ、どうすりゃいいんだ」とまた訊いてきます。際限ないんですな、これは。

「シミュレーションが効かない状態がある」ということを、絶対に認めないんですよ。答えをいっときますが、そういう状態になったら、努力・辛抱・根性しかないんですよ、じつは。だけど都会の人はこの三つが大嫌いなんだから。なんとか楽な方法がないかと思ってる。

子どもの問題は自然保護と結びついている

そういうわけで少子化から教育問題と、一貫して同じ問題が生じています。社会の中で似た問題を探すなら、それはいわゆる自然保護の問題です。子どもの問題は、自然保護の問題と結びついています。

「自然保護」なんて、本当はおかしな言葉ですよ。自然食品だって、同じです。自然を「いいもの」と決めつけているように思えるからです。自然には地震も台風も、冷害も豪雨も干ばつも、噴火も洪水も含まれています。それがどうして「保護」の対象になるんですか。その意味での自然は、価値中立です。だから自然科学は本来中立です。その意味でいえば、子育てもじつは中立です。

でもいまの社会を前提にするかぎり、自然保護といわなければしょうがない。

なぜなら社会の価値観が、自然とは反対の極、つまり人工のほうに大きく振れてしまったからです。それでは具合が悪いということは、多くの人が気がついていることです。そこで仕方がないから「自然保護」というんですよ。

政治なり経済なりは、人間が生き延びていくことを大前提にしています。それはだれだってわかっているでしょう。それなら社会が子どもを作らなくなる、再生産しなくなるというのは、明らかに社会がおかしいわけです。話がひっくり返ってます。

子育ての環境がないから、子どもを作らない。これも話がひっくり返ってます。ちょっと「逆さメガネ」をかけてみれば、そのことがわかるはずです。子育ての環境ができるように、大人が生きるべきなのです。

じゃあ、どうしてこうなったのか。それを簡単に説明してきました。社会の考え方の問題でしょう、と。別な言い方をするなら、子どもに関して、みんなが本気では考えてこなかった、ということです。頭で考えて、こうしたらいいなと思えることは、たしかに実行できるんですけど、頭で考えてもかならずしも答えが出ないことを、どう評価するか。つまり自然をどう評価するか。それについては、現代人はまったく弱い。弱いどころか、面倒くさいからって、「ないこと」にしちゃうんですな。

農業をやっていれば、そこがむしろわかる。それを「肌でわかる」というのです。それはかならずしも理屈ではない。つまり「意識」ではない。だから昔は、いまのような子育て問題、教育問題はなかったわけです。

コントロールできるという錯覚——親子の根本的対立

子どもは自らは意識的に生まれてきたものではありません。でも現代社会では、大人はふつう徹底的に意識して子どもを作っているわけですね。だから、そこに大きなギャップができてしまいます。それが子どもがいないという話と関係するわけです。「子どもという自然」を代弁する大人がいないわけですから。

子どもにしてみれば、気がついたら生まれてるわけです。でも大人のほうは、子どもが生まれることについて、ありとあらゆる面をコントロールしているつもりです。ですから出産予定日をまず計算する。そうなると今度は、予定日に生まれなきゃ心配でしょうがない。面倒くさいから、医者のほうも、それなら予定日に産ませちゃえと考えます。いまではそれができる。

若い親は、子どもを作る作らないは、親の勝手と思っています。つまりそこは完全にコントロールできると思っている。ところがそのコントロール、つまり「つもり」は、生まれてくる子どもにとっては、なんの関係もないことです。

クローン問題だってそうです。クローン問題を、作るほうの問題として考えて、さまざまな議論をします。そんなことをしてはいけないとか、それでも私はやるとか。

でも考えてみてください。もし、あなたがクローンで生まれたとしたら、私はそんな議論に関係ないよ、そういうしかないじゃないですか。気がついたら生まれていた。それだけのことです。意識が生じてくると、「じつはお前はクローン人間だよ」っていわれる。「そんなこと、俺の知ったことか」。それが子どもの答えでしょ。倫理問題だよなんていわれたって、子どもにしてみれば、「俺は関係ないよ」っていうしかないじゃないですか。

どんなにきちんと予定して産んだところで、生まれる本人に戻ってみると、予定したつもりの世界が突然壊れちゃう。本人にはクローンで生まれるなんて、そんな予定はなかった。それどころか、なんの予定もありません。そんな当たり前の問題を人生自体が抱えているのに、なぜ都会人は万事をコントロールできると思っているのか。それ自体が不思議です。

型に嵌《は》めて教育する。それはもう人間が多年にわたってしたことですよね。戦前の日本もそうだったし、おそらく文化大革命の中国もそうでしょうし、ナチの時代のドイツもそうでしょうし、いまのアメリカだってそうかもしれない。ところがその中にいる人は、型に嵌めて強制されていることに気がつかない。自分のメガネがものごとを正しくとらえていると思い込んでしまうんですね。いまの日本も同じかもしれないのです。いや、おそらく同じでしょう。だから「ああすれば、こうなる」だけが高級な思想、近代合理主義思想だと思っているのです。

ボタンを押せば、風呂が沸く

戦後にひたすら都市化、経済発展をしてきて、それを進歩と称している。そうやって、五十年やってきたら、なにが起こったかといえば、たとえば子どもがいなくなってきた。それは、いわば公害問題です。

しかしその社会の中にいる人たちは、べつにそれで悪いと思っていない。子どものほうだって、そういう教育を受けています。だから悪い意味での都会人がどんどん再生産されているわけです。いまの子どもの欠点をいうなら、まさにそのこと自体なのです。

例を挙げましょう。いまの若者にたき火をさせると面白い。まず薪《たきぎ》を置く。それはいいのです。その上にたきつけ、さらには紙をのせて、火をつける。これでは薪の上で紙が燃えるだけです。仕方がないから、わかっている大人が燃えるようにしてやる。あとはいいかと思っていると、やがてたき火が消えちゃう。薪をくべることを、思いつかないというのです。ガスも電気も、薪をくべなくたって、いつまでも燃えてますからね。

手順を踏んでものごとをする。そういう作業をした経験がないことは、これで明らかです。なぜか。なにごともボタンを押せばいいからでしょう。テレビの電源も、風呂沸かしも、飯炊きも、すべてボタンを押せば済む。いちいちそれを自分で手順を追ってやった世代が、こういう世の中で暮らすと、便利この上ない。しかしいまの子どもの生活は、初めからそうなのですよ。そこをよく考えてみてください。

「ボタンを押せば、風呂が沸く」。これが「ああすれば、こうなる」という図式そのままだということは、よくわかるでしょう。そこには薪を置く順序を間違えると、火はつかないという、手順が欠けています。子育てこそ、そうした手順の典型ではないですか。ハイハイもまだできない子に、歩け、口をきけといっても、それは無理。でもたき火をしたことのないお母さんは、そのていどの強制を子どもにしているんじゃないんですか。

意識は子育てを完全には左右できない

意識が作ったものを人工と定義するなら、その反対である自然はもちろん無意識です。個人についていうなら、身体は無意識に動いています。自分の胃の中にガンができているかどうかは、調べてみなければ、医者でもわからない。だけど、それは寿命を決めちゃうような大問題でしょ。

しかしその大問題が、なんと無意識なんです。意識中心の世界では、そういうことはいわば不祥事になっちゃうんです。なんで検診に行かなかったのか。そう叱られたりする。それだけの大事件が身体に起こっていたって、脳みそは気がつかないんです。

その意味では、社会も同じです。子どもに大問題が起こっていても、それに気がつかない。なぜなら子どもは、胃袋と同じ自然ですから。ところが現代人は子どもの育ちを親が設計して、子どもはこういうふうに育つものだから、一年目にはこうなる、二年目にはこうなるって決め込む。だからお母さん方が育児書を要求するんでしょ。

いまのお母さん方は、たぶん子どもを自然だと思ってない。機械だと思ってる。ここで油を差して、何カ月使ったら車検に出してとか、どこかで思ってるんじゃないですか。自然はそういうものではないでしょう。そういう考え方からすれば、子どもとはもっとはるかに厄介なものです。それが厄介だから、そんなもの私は持たないよ、というのがふつうの常識でしょ。だから少子化なんです。

考えようによっては、でも子どもは厄介じゃありません。むしろ生きていると は、本当はそういう厄介さ、そのこと自体だと思います。つまり定期的に油を差したり、保守点検したりする。それできちんと動く。そういうことではないんです。

亡くなった山本夏彦さんの本に『一寸さきはヤミがいい』(新潮社)というのがあります。人生「一寸先は闇」までは、たいていの人は考えたことがあるでしょう。でも「闇がいい」まではいかない。さすがに人生をよく知った人のいうことだと思います。

会社でなにがあったとか、同僚がなにかいったとか、そんなこと、どうでもいいやって思ってるときがないでしょうか。それですよ。そのときのほうが人生が生き生きして、生き甲斐があるでしょ。そういうときには、そろそろ保守点検の時間だよといわれたって、知ったことかと思う。

子育てが始まったのは、おそらく数千万年から数億年も前ですが、われわれの脳つまり意識ができたのは、たかだか二十万年前ですよ。その意識が子育てを完全に左右できるはずがない。「ああすれば、こうなる」で育てて、子どもが上手に育つんなら、とっくにそうしているはずです。でもそれがうまくいかないことは、経験的によくわかってることでしょ。今までどれだけの人が英才教育、天才教育をやってきたか。

J・S・ミル（一八〇六～一八七三・イギリスの思想家）は、父親の方針で、母親と父親と乳母がそれぞれ違う言葉でしゃべった。だから子どものときは人は一人一人違う言語でしゃべるものだと思って育ったそうです。それで育つ天才もいます。ふつうの子どもにそれをやったら、頭がおかしくなるんじゃないんですか。

第2章

都市化社会と村社会

脳化社会の問題

なぜ大学紛争が起こったのか――暴力は循環する

私は大学に長年勤めてきました。ともあれ大学も教育関係ではありますが、小中高とそれまでの教育課程が長いから、教育のなれの果てみたいなところです。学生を相手にするわけですから、若い人がなにを考えているか、それを考えるのが日課になっています。

ところが私が大学で働いてきたいわゆる戦後という時代は、社会の変化が激しかった時代です。だから若者がどんどん変わってきた。そういう若い人を理解しないと、仕事になりません。学生たちを見ていて、なんでこういうことになるんだよって、よく思いました。だから学生の問題は、まさしく職業上の問題だったんです。

いわゆる大学紛争の時代、私は助手になったばかり、給料をもらいはじめて一年目でした。昭和四十二年に助手になって、翌年の夏休みから大騒動になった。いわゆる安田講堂落城にいたるまでの騒ぎです。

夏休みの前から、インターン制度反対ということで、医学部自治会と大学がもめていました。細かいことを端折《はしょ》っていうと、学生が安田講堂を一時的に占拠した。それを当時の東大総長大河内一男さんが、夏休みで一般の学生のいない隙にということで、機動隊を導入して学生を排除した。これが大紛争の始まりです。当時は学生と警官は犬猿の仲です。機動隊が学内に入ったというので、帰省していた学生たちまで大学に戻ってきて、そこから本当の騒動が始まったわけです。学生が安田講堂を再占拠して、それから封鎖と称して研究室を順次、学生が力で占拠していく。大きな紛争に発展していくわけです。

この話は、最初のところを落としたら、議論が成り立たない。つまり、最初に学生が暴力を振るって占拠しているところを、今度は機動隊という「暴力」で排除したところから、もめごとが始まった、ということです。それで学生が怒って、夏休み中の学生がどんどん田舎から帰ってきて、九月になってから収拾つかない騒ぎになった。暴力が暴力を生んで、悪循環が発生したわけです。

僕はそういう意味では平和主義者です。やっぱり江戸時代の感覚を背負っていると、自分で思う。しかしその感覚は、それはそれで間違ってないと思っています。江戸時代の日本はほぼ三百年の平和を保ってきました。それは江戸の人が、平和を保つにはどうすればいいか、よくわかっていたからだと思います。なぜならその前の時代は、江戸の人が乱世と呼んだ戦国です。源平から始まって信長の時代まで、この狭い島でおたがいに徹底的に殺し合いをやってきた。親子兄弟、親戚一同、血で血を洗う騒動です。そんなことはもうやめようというわけで、江戸時代ができたんですから。

そこでの原則の一つが、喧嘩両成敗です。喧嘩両成敗には、大変深い意味があると私は思う。人が争いごとを起こしたときには、どっちが悪いかという話ではない。夫婦喧嘩と同じですよ。相手が怒れば、自分が怒る。自分が怒れば、相手も怒る。いくら理性で抑えても、怒っているというサインは相手に伝わる。それが伝わると、相手も怒る。

動物をまったく怖がらない人が、動物に襲われにくいのは、そのためです。怖がっていると、相手を忌避《きひ》するサインが出ている。多くの場合には、それは臭いです。ですが人は動物と違って鼻がほとんどバカになっていますから、自分が臭いを出していることに気づかない。動物はその忌避物質の臭いを感じて、相手に敵意を持つ。当たり前でしょう、お前なんかイヤだと、面と向かっていわれているわけですから。

だから喧嘩両成敗。ともかくどちらかが怒れば、相手も怒る。これは仕方がない。そこで暴力が出ると、暴力は循環する性質があります。家庭内暴力のある環境で育った子どもは、子どものときに被害者であっても、大人になるとたいてい加害者になる。暴力は循環するのです。だからそのほんのきざしであっても、徹底的に統制する。それが喧嘩両成敗です。

江戸時代がいかに暴力を統制したか、それは忠臣蔵でわかります。浅野《あさの》内匠頭《たくみのかみ》が松の廊下で脇差しを鞘走った。それが処分の理由です。侍なのに、江戸城に入ったら大刀を預けなきゃいけない。短い脇差しだけは、形式として持っていていい。しかしそれを抜いたら切腹です。そのくらい厳しい規則があった。だから斬り捨てご免の世の中なんていわれると、江戸時代はいかに殺伐としていたかと思いますが、とんでもない。

学生の暴力に、大学が暴力で応じ、以後暴力の応酬が学生の間でも始まった。ため息が出ますな。力の使い方はむずかしい。いまのアメリカを見ても、よくわかります。暴力の循環が生じて、なかなか止まらない。その意味では家康は偉かったですな。暴力の時代をじっとこらえて、ついに三百年近い平和を達成した。べつに家康が平和主義者だったとはいいません。当時の人たちが偉かったんですな。もう暴力の応酬はやめよう。それをなんとか達成してしまった。

当時助手だった僕は、完全に中立です。教授会からは、ああだこうだと、指令される。教授会には出られませんから、そこでなにが決まったとしても、お説ごもっとも、です。他方、学生からはなにをしてやがると、突き上げられる。どうせ学生は教授会の意見には反対なんですから。典型的な中間管理職のジレンマです。

私はインターンを一年やり、そのあと大学院生を四年やった。医学部は他学部の学生より二年長いから、大学生時代が六年ですね。合わせて十一年です。十八歳で大学に入学したから、助手になったのは二十九歳でしたよ。紛争当時は三十歳です。世間並みと比較すれば、ずいぶん遅れて就職したわけです。育ちが遅かったというしかない。この年齢になっても、まだ遅れが取り戻せてないという感じです。

団塊世代との世代的違和感——村社会と民主主義

全共闘の中心になったのは、いわゆる団塊《だんかい》の世代、現在五十代の後半です。インターン制度反対のような、かれらの具体的な言い分は、われわれはよく理解できました。なぜかというと、私たちが学生のときにも、同じことをいってましたから。

しかしわれわれの世代は、ああいう形はとらなかった。つまり社会的にああいう形をとるのが、団塊の世代の特徴です。ダンゴになってなにかしようとする。集団で行動しようとするわけです。私が大きな違和感を持ったのは、当時の学部の四年生、僕より五つ下の連中が、クラス会で五人の除名を決めたことです。五人の名前を書いて、掲示板に貼り出した。

クラスというのは、ある年に入学試験で選抜された学生のグループです。たまたまそこでダンゴになったにすぎない。それが私の感覚でした。それがクラスの決議と称して、一部の人たちを除名する。そういうことは、私の常識ではそもそも考えられない。いつの間にか、村が復活したわけです。除名というのは、あいつらは村八分《むらはちぶ》だ、といっているわけですからね。

クラス全員が、合衆国憲法じゃないけど、なにかそういうものにサインをして、契約してクラブを設立した。そのクラブに問題が起きて、メンバーが相談したところ、どうしてもその五人の会員が変なことをしているという結論になった。それは契約違反である。だからクラブの会員権を剝奪する。それなら話はわかるけど、そういうこととはまったく関係のない世界で、なぜ除名なんだ。それが理解できませんでした。

そのときに私は、自分より若い人たちの常識が変わったのだと、はじめて思いました。

クラスから除名する。それをしたというのは、なにかそこに意味があると思ったわけです。そこに私はある種の集団主義を見た。それは私が敗戦の結果として、消えたと思っていたものです。つまり、そこにはすでに消え去ったと思っていた、戦前の村社会の構造がまともに出ているのではないか。要するに村八分です。あいつらはウチの村の人間じゃない。村の全員が一致して、そう「決議」した。それが民主主義による多数決という、戦後の形式をとっていることが注目されます。

たぶんあのあたりの世代から、村落共同体と民主主義が一緒になった。出所はまったく異なるものが共鳴し、合流したのです。

日本の村は、ご存知のように、ある意味で徹底した民主制度でした。一揆《いっき》を起こすときは傘連判です。首謀者がわからないようにするためといわれますが、名前を丸く並べて寄せ書きにする。それは同時に、村人なら全部平等だということでしょ。そういうときの村の中での平等主義は、きわめて徹底してました。日本の民主主義は悪平等だという人がいますが、それはこの村の制度を指しているのだと思います。

それが戦後の日本の民主主義理解にそのままつながります。その民主主義教育だけを受けた、まさに戦後そのものであった世代が、いわゆる団塊の世代です。だから主張がある意味で変だったのは当然でしょう。無意識の中に培《つちか》われたというか、連続して持たれてきた日本型の共同体思想、それと戦後のたてまえとしての「外来」民主主義、両者が奇妙に共鳴してしまった世代です。会社に忠誠を尽くして働くいわゆるモーレツ社員、これもこの世代です。会社が村、つまり共同体になっただけのことでしょうが。

かれらは自分たちが正しいと思っていました。正しいと思わなきゃあ、あそこまで突っ張らないでしょう。だけど、なぜ自分たちがあれだけ正しいと信じたのか、それがわからない。そこに私は、戦争中の「正しさ」を見ていました。

あとで頭を冷やして考えると、鬼畜米英とか、撃ちてし止《や》まんとか、一億玉砕《ぎょくさい》とか、はては八紘一宇《はっこういちう》とか、わけのわからないことを、なぜ本気に主張したのか。それと似たようなことだなと思ってました。

日本社会はいまだに村社会の掟で動いている

いまだに大学紛争はなぜ起こったか、ほとんどだれも議論しない。それはなぜか、よく考えます。なぜ私ばかり、そんなことを考えるように思えるのか。おそらく多くの人も考えるのでしょう。でも戦争と同じで、答えない。答えたくないのだと思います。それは自分が生きている世間での生き方、それに直接に関わってくるからでしょう。そういうことをうっかり考えると「あぶない」のです。いまの生活が「壊れる」可能性がありますから。考えることは、あぶないことなんですよ、いつでも。

あのときなにが、どうして起こったか、云々という、年寄りの昔話みたいなものはいくつかあります。でもある見方から、はっきりあれはなんだったんだと規定する、学者がいちばんやらなきゃいけないことを、だれもやってない。

あれだけの紛争を起こしましたから、東大の入試は一年間できませんでした。ところがその紛争の責任を取って辞めたという人が、東大には一人もいなかったように見えます。戦後の処理にじつによく似てます。そこが日本の学問の中心です。そこにいた人たちが、あれはなんだったたか、客観的に記述できないようで、どうして社会学や法学ができるのでしょうか。

紛争の直接のきっかけになったのは、病室の近くで、学生がマイクを持って騒いだという事件です。騒いだのは医学部の学生です。将来医者になろうという学生が、病人のことも考えずに、病室の近くで騒ぐとはなにごとか。それで教授会がたしか十三名の学生を処分した。その中に現場にいなかった学生がいたというのが、紛争の発端です。

これに懲りて、東大はその後、学生処分の規則を決めていないはずです。学内で学生がなにか不祥事を起こしたときに、どういう処分をするか。その規則を一切作ってないはずです。その大学に法学部があって、エリート官僚を輩出しているのを、不思議だと思いませんか。お膝元はどうなってるんだろう。

そういう集団は、ひとりでに治まるものと思っている。それはまさに村じゃないですか。法律は一切なし、なにか起これば、その都度、村の掟《おきて》に従って判断します。じつはそれが本当の原則でしょうが。紛争以来、大学の中では、さまざまな不祥事が起こっているはずです。それは外に出ず、内部で処理されます。この世間では、それがいちばん上手なやり方です。

それなら法学部は、なにを教えているのか。日本社会そのものが、法学部が教えないことで動いています。その原則は世間の原則です。ともあれその法学部を出た人が、法律を守れという官僚になってるんですから、わかりませんな。だから憲法第九条なんでしょうな。国際紛争を解決する手段として、武力はこれを放棄する。

でも首相はアメリカの武力行使を支持し、イージス艦を出しますな。戦闘になったらどうするんですかね。村の掟で処理するに決まってます。その「村の掟」はどこにも書いてない。突然、お前ら五人は除名だ。そうじゃないんですか。あぶない社会でしょう、そう思えば。

相互不信はだれの得にもならない

大学紛争はあれだけの大きな紛争でしたから、かなりの人たちが、それについて、真剣に考えたはずです。でも結局、世間は答えを出さずに来たようです。仮の答えでもいいんですよ。その答えを出して、それに対して手を打っていれば、その答えが間違っていれば訂正することもできる。

しかし、そのまま水に流していくと、なにも残らないじゃないですか。そういう意味では、全共闘世代はかわいそうですよね。若い時代に本気でやったのに。ふたたび戦争を思い出します。あれは、なんだったのか。

問題はなぜああいうことが起こって、あれはなんだったんだということを、どう説明するかという話です。当時の学生にも、いいたいことは、たくさんあるでしょう。あの紛争って、私の一生をかなり左右しましたからね。いわゆる研究職として、私がまともにやってこられなかった根本の原因を考えてみると、あそこでいろんな問題を負わされて、その後片づけを具体的にしなきゃいけないっていうことがあった。

あのあとかなりの期間、とくに東大医学部は文部省から干されてましたからね。いっさい新しい教育にならないんです。医学部は建物の要求から設備の要求まで、ほとんど通らなかった。精神科の病棟は相変わらず全共闘が占拠してるし、小児科だって教授、助教授以外の人事は医局会がやって、教授に人事権がなかったんです。そういうことを皆さんが知らないだけです。精神科は真っ二つで、外来と病棟に分かれて、喧嘩してる。その中でなんとか授業をやった。さまざまな悪条件を、なんとか切り抜けてきた。

それでいくつか教訓を得ました。まず第一に、まじめで有能な人たちを集めると、困ったことに、なんとか悪条件を切り抜けてしまうということです。前向きならいいんですが、後ろ向きの典型、紛争の後始末じゃないですか。切り抜けると、抜本的な改革ってできないんです。みんながバンザイしちゃえば、むしろなんとかなって、ご破算で新しくやり直すけれど、バンザイしないで、どうにかこうにか、うまく転がしちゃった。

そのうちバブルがはじけて、土建の対象がなくなったから、公共事業にお金が出るようになりました。だから東大病院も新しくなったじゃないですか。駐日米国大使だったライシャワーさんが、たまたま東大病院に入院したら、病室にゴキブリが出た。それで病棟を新しくする予算がついたという話があります。最近では天皇陛下が入院なさったそうですから、東大医学部も地位が上がったものです。私は東大の地位が最低のときに、働かせてもらってました。居心地が悪くなったから辞めたんですが、それは東大が立派になったからでしょうな。私には家賃が高くなりすぎた。

もう一つ、教授と学生の相互不信、これは深刻でした。この世間は、ある種の暗黙の信頼感で維持されています。それが壊れると、あとが大変です。その回復には、日常性の回復しかありません。いうのは簡単ですが、それが大変なんです。

最近、ある会合で、その会社に消費者が不信感を持っているという発言がありました。余計なことかと思いましたが、あとで発言者に申し上げました。少なくともこの世間では、不信はなにも生み出しませんよ、と。これこそまさに老婆心ですが、私はそう思っているのです。それを教えてくれたのは、大学紛争です。学生も教授も、消費者も会社員も、それぞれ世間の一員です。それなら最終的には話がつくはずじゃないですか。相互不信の結果、だれの得にもならなかった事件の後始末に関わった身としては、たかだかそれをいうのが精一杯です。

教科書には検定があり、なぜテレビにはないのか

この年齢になって、ますます強く思うことがあります。それは世代です。何度も述べてきたように、日本社会は急激に変わりました。だからどういう年齢で、どういう経験をしたか、同じ時代を生きていても、世代によってそれが違います。だからどうしても考え方や行動に違いが出てしまいます。それを世代というのです。

たとえば石原慎太郎さんと私は、その意味で世代が違うと思いますよ。石原さんには、ともあれ戦前教育がちゃんと入っています。体育会系ということもありますが。僕にはほとんど入ってない。小学校二年で終戦ですから。そこから戦後教育になりました。団塊の世代は昭和二十二、三年生まれ。そこはもう完全に戦後教育になっています。

私の世代の教育では、教科書の墨塗りがじつに象徴的でした。いまでもそう思います。塩野七生さんがかつて書いた『サイレント・マイノリティ』（新潮社）、あの本がわれわれの世代の特質をよく表現しています。つまりそれは教科書に墨を塗った感覚だと、私は勝手に思っています。教科書が間違っていたら、墨を塗ればいいじゃないか。そういう感覚、それは上下の世代にはわからないでしょう。教科書に墨を塗らせたのは文部省です。子どもには是も非もない。素直に墨を塗りました。

そのときもその後も、それについての説明はいっさいありません。そういうことを「理解」しようとしたら、どうします？　世の中とはそういうもんだ、と。そう思うしかないじゃないですか。教科書というのは、間違ったら墨塗ればいいんだな。そういうことですよ、私が受けた教育は。

検定なんか、必要ない。間違ったら直せばいい。私は間違いを直して育ったんだから、それでいいのです。間違いなんて、先生がそれを指摘すればいいんです。そんなこと、当たり前でしょうが。どんな本だってそうでしょ。間違ってない本なんかないんだから、自分の本も含めて。どうしてその常識が通らないんでしょう。

教科書って、ある意味で絶対ですよね、日本では。だからいまだに文部省検定をやっているわけです。だれかがコントロールしないと、この世界は秩序が保てない。多くの人はそう思っていると思います。そう思って教科書を検定する。でもいまは子どもが一日平均二〜三時間、テレビを見るという時代ですよ。そのテレビに検定がありますか。教科書とテレビと、子どもはどちらを真剣に見ると思います？　どっちの影響が大きいんですか。

ことほどさように、教育界の常識は実情とズレています。教育界の人たちは、自分が正しくものを見ていると思っているのでしょうな。しかし私のように、教育界の人たちと違った見方をすると、そのズレがはっきり見えてくる。教育界の人と私と、どちらが逆さメガネをかけているんでしょうね。

いまだに検定なんかしているおかげで、中国や韓国から始終誤解を招く。検定なら国定じゃないか。かれらは勝手にそう思っているに違いないのです。おかげで国内では、さらに教科書論争なんか、起こしている。それなのに、大学紛争とはなんだったたか、いまだにわからない。教育界の現場で起こった大事件でしょうが。

要するに日本社会は、基本的な議論をだれもしないという、一見奇妙な面を持っています。それは、そうしなくても、「治まる」からでしょう。それを治めているのは、じつは世間の常識です。ただし、そこに関わることは議論しない。議論すると、それが意識化されます。

意識化にはよい面と、悪い面があります。私のいう都市化、いわゆる近代化とは、すべてを意識化していくことです。それを私は脳化社会と呼びました。すべてを意識化しようとしても、個人でいうなら、身体は最終的には意識化できません。社会にもそれと同じことがあるはずです。なにを意識化し、なにをしてはならないか、それが社会のいちばんむずかしい問題だと、私は思っています。教育はまさにそこに関わっているのです。だから教育論は終わらない。話がむずかしいところに来たから、話題を変えます。

都市化は古くは平城京、平安京から

日本の歴史では、都市化は何度か起こりました。古くは吉野ヶ里がそうでしょ。環濠《かんごう》集落といいますが、周囲に浅い堀をめぐらせています。都市というのは、その範囲を決めるものです。それが堀になったり、城郭になったりします。日本の都市はやや例外で、周囲を区切らないことが多い。でも区切りが意識されていることは、はっきりしています。「本郷も兼安までは江戸のうち」という古川柳として有名な句がありますね。いまでも本郷三丁目の角に兼安(小間物屋)があり、店には句を刻んだ碑があります。江戸はどこまでか、それが意識されていた証拠です。

ともあれ平城京になると、典型的な都市化です。平城京、平安京は都市そのものです。碁盤目の道路を作り、全体が人工です。

古代都市の時代が壊れるのが、源平の時代です。歴史家はそれを中世といいます。平家は都会の人間になりましたが、源氏は田舎者のままといえるでしょう。はじめは源平の勢力争いですが、ついには田舎から出て武力を持った人間が、完全に京の都を押さえてしまった。木曾義仲は田舎者の典型としてバカにされる。平氏だって、もとはその例外ではありません。『平家物語』の最初に出てくるのは、清盛の父である忠盛が、いかに殿上人《てんじょうびと》にバカにされたかという話です。

源氏と同じ、もともと田舎者だった平家が、どこまで都会人になってしまったか。清盛の伝説があります。福原の都の工事をやっているときに、日が暮れそうで工事ができなくなったら、清盛が扇で落日を招き上げたという。これは現代日本人がやっていること、そのものではないですか。自然のルールを無視して、人間の力でそれを逆転させる。そういう逸話だからです。

これは昔風に表現した環境破壊の逸話ですよ。清盛はその祟《たた》りか、高熱を出して死んでしまう。つまり公害ですな。平家は朝廷で位を得るとともに、都会人そのものに変わっていったのです。それが平家滅亡の根本原因でしょう。

それに比べて、源氏がどのくらい乱暴者、田舎者だったか。壇ノ浦で平家が滅びると、義経と範頼が平家の公達《きんだち》の首を都に持って帰ります。それを四条の河原に晒《さら》すという。朝廷の貴族たちは都会人、いまの皆さん方ですから、生首なんか晒すのはとんでもないという。絶対反対というわけです。なにしろ平安時代は死刑がなかったといわれる時代ですから。義経たちはそれを無視して、四条の河原に平家の公達の首が並ぶ。そこからいわば戦国の世が始まるわけです。

いわゆる戦国に至る中世という時代は、かならずしも都市化が中心ではなかった時代です。ある面ではわれわれと逆の常識で生きた時代です。戦国の常識でいうなら、「腹が減っては戦はできない」というのが武士です。

それが江戸に入ると、ふたたび都市化が中心になる。だから「武士は食わねど高楊枝」なんです。同じ侍の言い分とは思えないでしょ。食うのか、食わないのか、はっきりしてくれ。だから江戸以来、都市化がひたすら進んでいる。私はそう思ってます。

明治政府がやったことはなにか。その都市化が暗黙の前提です。漱石の『三四郎』は熊本の田舎から出てくるじゃないですか。そして都会でいろいろな目にあう。

富国強兵というのは、本音は都市化です。戦後はもっと明瞭で、そこから強兵つまり軍隊を落としたから、暗黙とはいえ、残った目的は都市化だけ。だからそれを平和と民主主義、高度経済成長といってごまかしてきました。都市化という本音はいわない。

それがなぜか、私は知りません。たぶん都市だけでは生きられないことを、だれでも知っているからでしょう。でも都市化の最中にそれはいいません。田舎はどうする。そういう問題が出てきてしまいますから。現にいまはそれが出てきてるじゃないですか。それが過疎問題でしょうが。俺は田舎なんかに住みたかねェ。それはそれで結構ですが、それならだれが田んぼの世話をするんですかね。

その田舎は、繰り返しますが、すべてが意識になる世界ではない。それなら口では上手にいえないわけです。私だっていえません。なにしろ無意識なんですから。だから田舎者は口下手なんですよ。

都市生活は生老病死を見ない

教育問題の歪《ゆが》みは、戦後に始まったわけではありません。都市化をすれば、かならず教育には問題が起こります。それをいちばん古くいったのが、お釈迦さんでしょう。

「四門出遊《しもんしゅつゆう》」という逸話があります。釈迦が住んでいたのは、インドの城郭都市です。だからお城と呼ぶこともあります。じつは城じゃなくて、都市なわけです。城郭都市には門が四つあるから、若いときに釈迦がはじめてその城の外へ出るという話です。

最初の門で赤ん坊に、次の門で老人に、次の門で病人に、最後の門で死人に出会う。それが人生四苦八苦の四苦、生老病死です。生まれる、歳をとる、病気になる、死ぬ。都会の外へ出たとたんに、そういうものに出会いますよ。それを教える説話なのです。人はそれから逃れることはできない。釈迦はそれを悟って出家する。いうなれば、都会人のなれの果てがお釈迦様です。

都市化の末に現れたのが仏教だとすれば、仏教の未来は大きいですな。もっとも、おおかたのお坊さんはそう思ってないでしょうな。不動産屋かなんか、やってますから。

四苦はもともと人が生まれつき抱えている運命です。つまり自然です。生まれたのも自分の意志ではないし、歳をとるのも、ひとりでにとります。自分がどんな病気になるか、死ぬのはいつか、なぜか、それもいっさい不明です。それが自然としての人生です。

ところが都市に住むと、それが見えなくなる。人々が一致団結して、それを見ないようにするからです。生まれるのは医師の診断のもと、死ぬのも病院。日常生活をする自宅では、お産もなければ、死ぬこともない。歳をとれば施設に入り、病気になれば入院する。それは自然の人生という「当然」が、日常生活にはないということを意味します。だからお釈迦様が四苦を見たのは、都市をはじめて出たときなのです。二千年以上前のインドの話ですが、都会人の生活、考え方は、いつでも同じだということを、これほどみごとに示す説話はありません。最初から田舎に住んでいれば、そういうことはない。そのかわり、意識の世界を逆に知らないわけです。それを以前は田舎者といいました。熊本時代の三四郎です。都市も田舎も、一方だけでは、教育に人として欠ける面が生じる。そこがむずかしいところです。なぜなら人は一つの原則をとりたがるからです。だから都市宗教は一神教になるのですが、それは後の話です。

戦後の日本は急速に都市化しました。私の世代でしたら、子どものときには、町には牛がいて馬がいて、車はほとんどなくて、冬は暖房なし、夏は冷房なし、トイレはポッチャン、ハエとアブだらけという、典型的な田舎の生活でした。もちろん冷蔵庫も洗濯機もテレビもありません。私の父親も母親も、自宅で死にました。それなら人生四苦八苦は、肌でわかっています。

問題はいまの若者です。お釈迦様になるような人が、これから出るわけです。私の世代と比較するなら、教育が変わらなくてはならないのは、あまりにも当然でしょう。

都市の存在は田舎が前提になっている

もちろん世界には古くから都市生活してきた人たちがいます。たとえばユダヤ人です。ユダヤ人とは、都市住民という以外にない人たちです。かれらの子育ては、だから都会での子育ての参考になるに違いない。中国人も、全部ではないが、そうです。

中国の歴史では、たいてい八割が農民で、二割が都市住民です。昔は日本もそれに近かったと思います。ところがいまでは、ほぼ百パーセントが都市の民だと思います。それはもちろん住んでいる場所の話ではありません。頭の中のことです。

江戸時代の京都、大坂、江戸は、当時の世界でも大都会だったといわれます。元禄の大学者、荻生徂徠《おぎゅうそらい》の例を挙げましょう。徂徠のお父さんは、後に犬公方《くぼう》といわれた将軍綱吉の侍医《じい》で、綱吉の不興をかって地方に流されます。流された先は千葉県の茂原《もばら》です。当時は茂原だったら、もう江戸から離れた流刑先です。甲府勤番というのがあるでしょ。甲府に勤める。あれもそうです。流刑ではないが、田舎に追いやられるという感じだったでしょう。ですから田舎と都会には、当時から大変な差があった。千葉なんか、ど田舎でしょう。なにしろそこに

「流された」んですから。

徂徠はそこで育つ。父親が許されて江戸へ帰る。そのときの徂徠は、いまでいうなら、大学を卒業した歳くらいでしょう。江戸を見て、徂徠は仰天します。徂徠が田舎にいた間に、江戸は高度成長でしたから。自分が子どものときはいわば戦前で、帰ってきたときには戦後の日本みたいになっているわけです。その徂徠が江戸の人についていっていることで、大変に印象的な言葉があります。江戸の人間は「旅宿人」だというのです。あちこち渡り歩いて、無責任な生き方をしている。そういう意味です。いうなればアメリカ流の生き方ですな。それが都会というものだと、よくわかる表現です。

都市の存在は、田舎が前提になっています。田舎がなければ、だれが米を作り、野菜を作るのですか。だから日本が全部都市化してくると、どこかが田舎になる。その田舎が中国であり、ベトナムであり、タイであり、インドであり、インドネシアなんです。それがグローバル化の本当の意味であり、南北問題といわれるものです。

私は東京に住んでいるから、田舎のことは知らない。本当はそれでは済まないはずなのです。四苦と同じですよ、それは。自分がかならず経験するはずのこと、生老病死を見ない。それと同じで、都会人は田舎の存在を認めません。でもそれはかならずあるもので、なければならないものなのです。教育とどう関係するのか。考えれば、おわかりでしょう。

都市での教育は、意識の教育です。では都会人が見ない無意識、それをどうするのか。見ないのだから、教えられないのです。それだけのことでしょう。だからお釈迦様が人類の教師になった。私はべつに仏教の宣伝をしているのではありません。月までロケットを飛ばしたから、人間が利口になるというわけじゃない。それをいいたいだけです。

第3章

身体感覚を忘れた日本人

都市化と身体

オウム真理教が出てきた頃の雰囲気

学生のときから数えて、私は東大にほぼ四十年いました。その間に起こった大事件は、私にとっては二つだけです。最初は先に述べた東大紛争、次はオウム事件です。この二つは同じように若者が集団で関与しましたが、まったく異質に見えます。

いわゆる大学紛争の後始末は大変でした。私が助教授のときですから、昭和四十年代の終わりから五十年代半ばまで、教授会に共闘系が怒鳴り込んでくるのは、当たり前でした。教授会の席で、机をひっくり返したりしてました。外部の人には想像がつかないでしょうがね。

もっともそんなことが大変だったわけではありません。あの紛争以来、大学がいわば社会的に「干された」、そこが私たちの問題だったのです。ともあれ、荒れた雰囲気もしだいに穏やかになり、紛争も風化していきます。

それが風化していくのとほとんど同時に起こってきた奇異な現象がオウムでし

た。いまの学生はむやみにおとなしい。そんな感じがしはじめた。団塊の世代の大騒ぎを知っている教師たちが、なんだか雰囲気が違うと気づきだしたわけです。それがオウムの時代です。八〇年代の終わりから、九〇年代の初めですね。私が東大を辞めたのが九五年三月。まさに同じときに、地下鉄サリン事件が起こった。

いま思うと、その数年前から、なんだか怪しい雰囲気がありましたね。いちばんよく覚えているのは、オカルトの流行です。臨死体験とか、スプーン曲げとか、妙なものが流行したでしょ。大学でも助手とか大学院生とか、若い人たちがよくそんな話題を取り上げてました。ああいうものが流行する、時代の雰囲気というのがあるんですね。

その頃、脳研究らしいものをしているというので、取材の電話がうるさかったですな。週刊誌やテレビが電話で取材してくる。臨死体験についてご意見を、という。あんなもの、要するに夢と似たようなものです。その説明をきちんとすると、十五分かかる。何度もするものだから、説明に要する時間までわかっちゃいました。そんな説明をしたって、何人が納得するか、てなもんです。脳の仕組みなんて、そんな面倒なこと、ふつうの人は考えませんわね。神秘体験だなんていやがって、なにバカなこと、考えてんだ。一人でそう怒ってましたが、若かったですな。もう怒りません。人間とはそういうもんだと、いまでは思ってます。私も歳ですもの。あれを神秘だと思いたいのも人間です。だけど、だからって、サリンを撒《ま》いちゃいけない。あのオカルトばやりから、とうとうアルマゲドンまで行っちゃったわけですからね。あの頃、そういう風潮に乗った人たちは、反省してるんですかね。サリンまで行くとは思わなかった。そういわれれば、まあそうだろうと、納得はしますが。私がサリンの被害者なら、まだ怒ってますな、きっと。地下鉄サリン事件の朝は、私は東大出版会の旅行で佐渡にいました。ニュースを見て驚きましたよ。私が毎日、その時間に通っている地下鉄でしたから。

ナイフを使えない子ども

具体的に覚えていることで、当時の学生について、驚いたことをいいます。解剖の実習室に行ったら、学生がメスを前に向けて、包丁持ちをしているんです。これは危ない。メスはとてもよく切れる刃物ですから、それを固く握っちゃあいけない。まったく常識のない学生が入って来たと、その瞬間に思いました。そのとき、いったいこいつら、どういう教育受けてきたんだろう。そう思ったのを覚えています。

私が小学校四年生のとき、先生が小刀を全員に配って、鉛筆の削り方を教えてくれました。ところが、四、五年前、栃木県の中学生が女性教師をナイフで刺した事件があった。あのとき橋本龍太郎さんが総理でしたが、小刀を禁止するような発言をしたはずです。バカなことをいうなと思った。ああいうものは、鉛筆削るものだよって、子どもに教えれば、子どもはそれで人間を刺せるとは考えないものですよ。用途がはっきりしてるから、ふつうは思わないでしょ。

凶器になるから危ないというなら、なんだって凶器になります。ただの旅客機が、9・11のテロでは、数千人を殺す凶器になった。ビール瓶だって、割れば凶器になるじゃないですか。だけど、そういうものじゃないと思っていれば、凶器にはならない。

小刀というのを、私は鉛筆を削るものだと思ってます。あるいは細工に使うものだと思っている。その思い込みが壊れてくること自体が、まず変なのです。それは学校の問題ではない。社会の問題です。これは人間を刺すものじゃない。いわなくたって、ちゃんと実用に使っていれば、それが暗黙の常識になってくる。ところが電動鉛筆削りがある世界では、小刀は無用の道具です。だから人間を刺すのに使えるじゃないかという話になる。

ふつうの人って、それほど想像力があるものじゃない。小刀で鉛筆を削っていれば、指は切るけど、人間は刺せないと思ってますよ、どこかで。刃物を扱うには、それなりの注意が要る。そういうことをきちんと教えていれば、人は刺さないでしょう。人を刺すための扱い方は習いませんからね。そういう実習に、教育はまったく手を抜いてきた。背景にはそういうことがあるわけでしょう。

子どもが育ってくる過程で、刃物の持ち方なんか、当然もう教えてなきゃいけない。いまじゃあ、それを大学で教えることになりますな。「俺は幼稚園の教師じゃないぞ」といったら、「先生、大学が幼稚園化するのは当たり前です」って、むしろ若い人に注意された。いかに世の中が変わったか、そこでようやく気がついた。

基本的な躾《しつけ》が大切です。そうはいっても、皆さんが考えているような、世間に迷惑をかけるなという類《たぐい》のものじゃない。きちんと挨拶しようが、ひねくれようが、極端にいうなら、そんなのどうだっていいんです。どうせ世間とは一生つきあうのだから、いずれ自分で覚えていきます。それを覚えなきゃ、世間で生きていけないんだから。

問題は、日常の立ち居振る舞いです。刃物の扱い方なんて、それに属することでしょう。おそらく親も先生も、きちんと習ってないんでしょうな。それなら子どもに教えようというのが無理だということになる。だから「禁止」になるのでしょうが、それじゃあ、いつまで経っても、使い方は覚えませんな。手術はロボットがするようになってきましたから、やがて刃物を使うのは時代遅れになるかもしれません。それはそれでいい。しかし自分の身体をどう使うか、それが大切な初等教育であることは、今後とも変わらないはずです。人間くらい、考えようによっては、よくできたロボットはありませんからね。

都会の人は身体を使わない

刃物を使うということは、つまり体を使うことです。都会の人は、身体を使わない。使わない人ほど、高級なんです。

だってそうでしょ。外出するときは、運転手付きの車に乗る。これはもちろん偉い人です。そこまで行かなくても、交通機関を使います。

家の中を見てください。以前は洗濯をするのに、まず盥《たらい》に水を張りました。洗濯板を使って、手でこする。いまは洗濯機です。しかも全自動ですな。掃除は掃除機、風呂は自動的に沸く。ボタン一つです。

テレビをつけるのもボタン、チャンネルを変えるのもボタン、消すのもボタン。いまでは人生はボタンを押せば済むんです。アメリカ大統領が、核ミサイルの発射を指令するのもボタンです。ボタンを押す、つまり指先一つで、なんでもできるんですな。これじゃあ子どもが体を使うことを覚えるはずがない。

体をどう考え、どう使うか。これはじつは大問題です。というより、都会の人はそれを問題だと思っていないということが、大問題なんです。だから躾ができない。躾というのは、体の使い方ですからね。

日本の首相がサミットに出る。テレビで見ていると、なんだかみっともない。そういっては失礼ですからいわないが、なんとなくそういう感じがする。これを以前はスタイルのせいにしました。男なら、日本人は背が小さいからね、女なら、大根足だからね。それが日本人の言い訳です。八頭身という言葉もかつて流行しました。

これは考え違いですな。日常の所作、体の使い方がわからなくなると、みっともなくなるのです。型がない。そういってもいい。昭和天皇はいまの基準では小さい人でしたが、ちゃんとしてましたな。つまり「様になってた」んです。若い人たちが、「カッコイイ」といいますな。あれもそうでしょ。様になってるわけです。それはじつは型、身体による表現なのです。それは世界中どこでも通用するんですよ。

インディアンの酋長だって、それなりに立派じゃないですか。ただのインディアンじゃない。それがすぐに格好でわかる。それは衣装だけじゃありません。立ち居振る舞いなんです。「動き」なんですよ。

身体は人生の元手。使おうと思えばもっと使える

咸臨丸《かんりんまる》がアメリカに行きました。幕末の話です。サンフランシスコに上陸して、代表の木村摂津守《せっつのかみ》以下、チョンマゲ、二本差しです。それでアメリカ人が笑ったか。笑わなかったでしょうな。それで様になってるんですよ。日常それで暮らしている。それどころか、道場で木刀も振り回せば、さまざまに体を使っていたでしょうな。そこから生じた動きが挨拶になり、歩き方になり、姿勢になり、つまり身体の動きが統一され、さらに年季が入ってたわけです。アメリカ人にだって、それがわかるんですよ。「通じる」んです。なにもしゃべるだけがコミュニケーションじゃない。

それまで何百年も、この日本列島の中で体をいろんなふうに使ってきたんです。それなら全体に合理化され、統一された動きになるのは当然でしょ。動きは合理的だからこそ美しいのです。それをバラバラにしてきたのが、明治以来の

「近代化」でしょ。

武道家の甲野善紀さんは、江戸時代までの日本人はナンバ歩きだったといいます。右手右足が一緒に出る、あれですな。だから走れなかった。走るときは、別な動きをしたんでしょうな。侍は肩を怒らせて歩くという感じがありますが、ナンバだとまさにそうなります。古い日本の絵を見ますと、たしかに右手右足を一緒に出して逃げまどってますな。

それを変えたのは、明治の軍隊教育でしょう。西洋風の動きに変えた。そもそも武器が西洋風ですからね。西洋じゃあ、あの動きが「自然」なんでしょうが、日本では違和感があります。だから私は、子どもの頃、軍人が嫌いでしたな。なんか変、そういう感じがしたんです。

べつに私が正しいとはいいませんが、いまでもオリンピックなんか見てると、なにやってんだと思いますな。ああいうことをやるせいで、逆三角の体をボディー・ビルで作ったりしている。

甲野善紀さんの体なんか、見事なものですな。人間の体には六百くらいの筋肉があります。それがそれぞれ、ちゃんと発達してます。解剖の教科書みたいに見えますもの。いちばん「ふつうの」体なんですよ。これこそ「当たり前の」体だ。六百の筋肉があるということは、それを全体としてまんべんなく使うのが、人間としての本来の動きだということです。なにしろ五億年かかって自然が作り上げた体ですからね。何百キロもある重たいものを持ち上げて、五億年生きてきたたわけじゃない。百メートル全力疾走して、生きてきたわけじゃないんですよ、人間は。そんなこと、当たり前でしょうが。

じゃあ、どんな動きをするのが、まともなんだ。そう、たまにはそういうことを自分で考えてくださいよ。体は人生の元手なんですよ。使おうと思えば、甲野さんみたいに使えるものなんです。

現代人の身体は「なくなった」

「型」という日本語は、身体の所作を指してます。そこからさまざまに流用されるようになった。いまの人は型なんか死んだもの、古いもの、封建時代の遺物だと思っているでしょうが。だから外国に出ると、みっともないんですよ。周囲が全部みっともないんだから、この日本の中でなら、それに気づかないで済む。ところが外国に出たとたん、体が縮んじゃいます。なまじ「洋服」を着るから、さらにまずい。千年以上、洋服の所作に慣れた世界に、百年ていどの歴史の洋服姿が入って行くんですから、「借り着は身に合わない」のがすぐにバレてしまう。どうしようもない。もちろん、洋服のせいじゃないですよ。洋服を着たときの動き、それがダメなんです。

これはごまかせませんな。以前、銀座で飲んでいた時期があります。行きつけの店に行ったら、なんだか雰囲気がおかしい。田舎のおばさんが集まっている。気がついたら、全員が和服なんですな。ふだん着慣れないものを着てるわけです。それでモデルみたいにただ立ってるんなら、まだごまかせる。高い着物を着てりゃいいんですからな。馬子にも衣装です。もっともそれならマネキンでいい。

動いたとたんにバレるんですよ。動きが着物の動きじゃない。洗練されてないんです。田舎のおばさんになっちゃう。田舎のおばさんをバカにしてんじゃないんですよ。もんぺはいて、ほおかぶりして、田舎道歩いてりゃ、立派なものです。それで美人だったら、だれだってハッとしますな。

銀座のクラブで着物を着てたって、動けば型が決まってないことがわかる。当の本人がわかってないだけです。それがサミットの日本国首相でしょうが。それはもちろん首相のせいじゃない。明治以降の日本人全体のせいです。

自慢じゃありませんよ。私の母親は死ぬまで着物しか着ませんでした。町医者のくせに注射だろうがなんだろうが、最後まで和服でやってました。患者は白衣を割烹着だと思ってましたよ。そういう家庭で育ってますから、着物での女性の動きは、私の脳みそに固定されちゃってるんですよ。だから女房は若いときから茶道をやった人です。身動きだけが取り柄ですな。ここは女房に読ませられない。

テレビのコマーシャルが始まった頃、外人が質問してましたな。日本のコマーシャルに出てくるのは外人ばかりなのは、どうしてだ。様にならないからに決まってるじゃないですか。あとでもいいますが、戦前の家は洋間が一つ、あとは畳の部屋。いまは畳の部屋が一つ、残りは洋間。これでわかるはずです。日常生活の立ち居振る舞いをそこまで徹底して変えたのに、その中で体をどう使うか、どう振る舞うか、だれが教えてるんですか。洋間の小笠原流ってのは、聞いたことがありませんな。

戦後、若者の体が大きくなった。それなら立派になったかというなら、相変わらずという面がありますな。その頃、若者は行儀が悪いと、年寄りが怒ってました。電車の中でいぎたない。大股を開いて座ってる。仕方がないから、私は弁護してました。体は大きくなったんだけど、それを持て余しているんですよ。だって、大きくなった体の使い方を、大人が教えてないんだから。そういうことでしょ。

なぜ体の使い方がわからなくなったのか。根本は体が「なくなった」からです。体は「自然」なんですよ。自然の扱い方は都会人にはわからない。それは「現実ではない」んだから。子どもの話と同じでしょ。

いくらなんでもこりゃ酷《ひど》い。わかる人にはそれがわかってますから、武道なんでしょ。『声に出して読みたい日本語』（草思社）。著者の齋藤孝さんはもともと武道家ですよ。それが国語の講釈をしなけりゃならない。しゃべるのも、書くのも、体を使わないと、できないんですよ。しゃべるのは、じつは「体操」なんです。体育じゃないですか。でも国語の先生に、国語は体育だといったら、目を剝《む》くでしょうな。

脳への出力と入力――知行合一と文武両道

さきほど陽明学の話をしました。知行合一です。こりゃなんだ。このことじゃないですか。文章を読むでしょ。それが耳に入るでしょ。声を出すのは脳からの出力で、それが耳に入るのは、脳への入力です。入出力がきちんと連絡して、入力から出力、出力から入力という輪が回転し続けること、それが知行合一なんですよ。知とは入力で、行とは出力ですからね。

よくわからない。そんなことは、わかってます。だから知行合一がテロになっちゃう。文武両道というのも、同じことです。文武両道というと、畳に正座して本を読み、それが済んだら、道場で竹刀《しない》を振り回して運動する。そう思ってるんじゃないんですか。そりゃ違います。

文武両道の「文」とは、脳への入力です。本を読んでも話を聞いても、人に会っても森を散歩しても、脳へのさまざまな入力が生じます。脳はその入力情報を総合して出力をします。その出力が「武」でしょ。入力だけじゃあ、ただのスポンジです。水を吸い込むだけ。出力だけでは、ひたすら動き回っているバカ、コントロールの壊れたロボット。

脳への入力は五感です。目で見る、耳で聞く、手で触る、鼻で嗅ぐ、舌で味わう。それなら出力はどうか。なんと、筋肉の運動だけなんです。ふつうの人はそれに気づかないんですな。知行合一の行、文武両道の武は、筋肉の動きです。骨格筋の収縮です。脳が外界に出力できるのは、筋肉の収縮だけなんですよ。出すほうは筋肉労働し

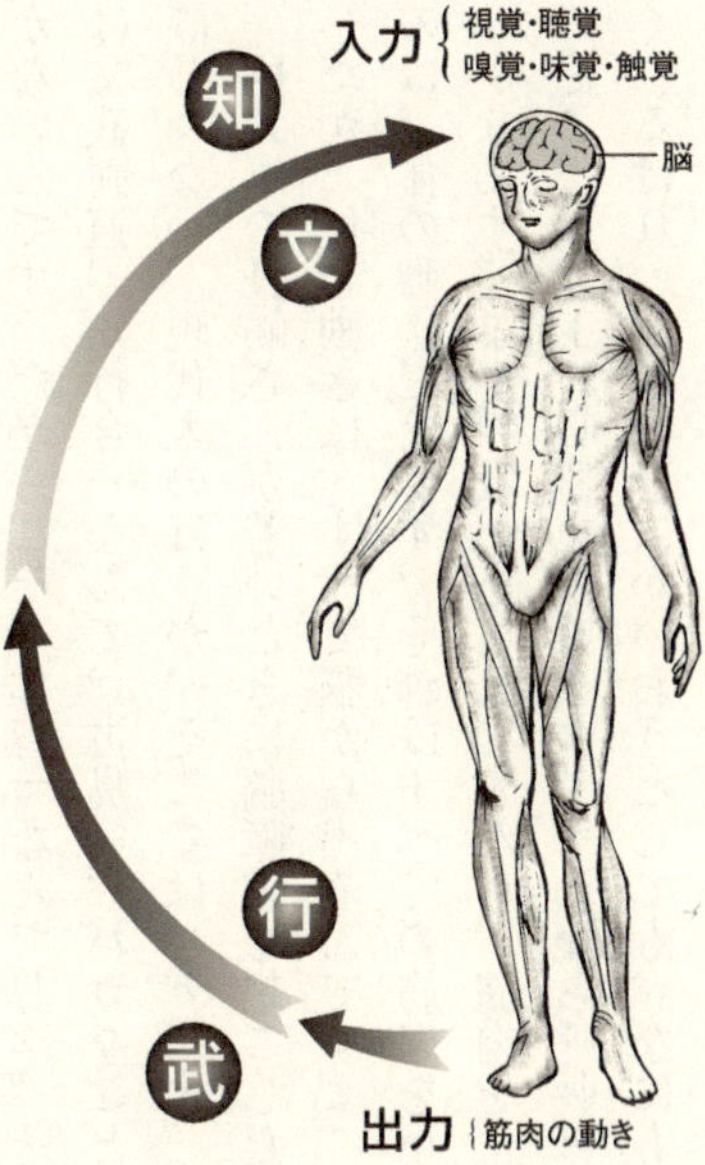

かないんです。だからこそ「体育」なんでしょ。そこに気づかないから、昔の人は文武両道、知行合一なんて、古臭い、バカなことをいってたと思っている。冗談じゃない、現代人のほうが、そこではバカです。

巨人軍の長嶋さんが若いときに脳障害を起こしたら、あれだけの選手になれましたか。体の動きは、すべて脳から出るんですよ。逆にいうなら、脳から出せるのは、体の動きだけです。それはすべての筋肉を止めてみれば、イヤというほどわかります。まず呼吸が止まりますから、筋肉を止めたら死んじゃいます。だからそこでは人工呼吸器を使います。それなら呼吸はできる。呼吸は機械がやってくれるけれど、さてなにかいおうとしても、なにもいえません。筋肉が動かないと、声が出ないんですな。舌も動かない。じゃあ、手真似身振りと思っても、手も足も動かない。むろん字は書けません。目配せもできない。頷《うなず》くこともできないんですよ。表情もない。ホラ、まさになんにもできないじゃないですか。

肉体労働なんていって、なんとなくバカにしますが、なんと人間活動のすべては、右の意味では肉体労働なんです。それに気づかない人が、肉体労働って言葉を作ったんでしょうな。肉体労働と頭脳労働は「別だ」と思ってる。だから昔の人は、文武両道、知行合一と、やかましくいったんじゃないですか。

「意識」というメガネでしかものを見ない現代人

今度は子どものことを考えてみましょう。生まれてしばらくの赤ん坊が、寝床の上で、自分の手を動かして、しげしげと見てますな。ありゃなんですか。自分の手を動かす。これは脳からの出力です。そうすると、手の動きが「目に入る」。これは脳への入力です。それを見て、また手を動かす。そうすると、手の姿形が変わる。それがまた脳に入力される。それでまた手を動かして、と続く。ホラ、文武両道、入力と出力が、ひたすら「回転」しているじゃないですか。

どのように手を動かすと、どのように姿が変わるか。赤ん坊はそれを飽きもせず繰り返します。そうすると、脳の中には、入力と出力の関係方程式がひとりでにできてくる。脳はそういうふうにできている器官なんですよ。

次にハイハイを始める。一歩動くと、目の前の椅子の脚が少し大きく見えます。もう一歩ハイハイすると、また大きくなる。いま見ている椅子、特定の椅子の脚がどう見えるか、それをいちいち覚えたら、脳はアッという間にパンクします。この世にある椅子のすべてが、それぞれどこからどう見えるか、それを覚え込むことはできませんからな。そうじゃない。一歩近づくと、見ている対象がどれだけ大きくなるか。それが脳にできてくる関係式です。それがわかってりゃ、「応用が利く」じゃないですか。

近づいたら、形が変わる。変わらないところは、どこか。相手が三角なら、角度は変わりません。遠くに行けば、小さな三角ですが、同じ三角です。どうして同じか。角度が同じだから。これを算数で習えば、「比例」です。習わなくたって、脳は比例を知っています。遠くにいたらネコだが、近くにいればトラだ。そんなことは思いません。そんな脳の持ち主は、進化の過程で生じたとしても、すでにトラの餌になっています。見える大きさは、距離で変わっちゃうんですよ。だから目にはモノサシはついてない。

じつは話は逆なんですよ。算数の比例は、こうしてものを見ながら育ったおかげで、脳の中に「すでにできている」関係式を、意識が掘り起こしたものなのです。人間は、意識というメガネでしかものを見ることができないから、そう思い込んでしまう。べつに意識が掘り起こさなくたって、そんなことは脳はわかっているのです。だから遠くのトラをネコだとは思わない。

「利口なバカ」とは誰のことか

科学者はこの種の説明をなかなか認めませんな。なぜなら、法則は外の世界にあると信じ込んでいるからです。でも脳の中にない法則を、脳が考えられるはずがないじゃないですか。だから、私のように時々意識的に「逆さメガネ」をかけなくてはいけないんですな。これはむずかしい話になるから、もうやめます。でも子どもの話はわかるでしょう。

ハイハイもまだしない子どもに、ビデオを見せたって意味がない。それは入力と出力の回転ではないからです。ビデオは脳への入力だけですからね。文だけ、知だけです。それでは脳の中に関係方程式ができてこない。出力が欠けているからです。

障害児の教育では、このことがしっかりと認識されてきました。だから体が動かない状況をいまでは放置しません。障害があって、体がうまく動かなくても、大人がなんとか手伝って、無理矢理にでも動かそうとします。そうすると、脳の中に方程式ができてきます。少しでも自分で移動すれば、入出力が回り出す。そうなれば、次の段階が自然に生じます。たとえば言葉を話すようになる。言葉も入出力が回る典型です。自分で音を出して、それを自分の耳で聞くんですから。周囲の大人が話しているのを「聞いているだけ」では、話せるようにはなりません。そんなこと、当たり前です。話す練習をしなければ、大人だって、外国語を学習できません。

こうしてあるていど脳が育ってくると、今度は入力と出力を脳の中で回転することができるようになります。脳の中で出力し、それを脳の別な部分が入力として捉え、というふうにして、脳の中で入出力を回すわけです。これが「考える」ということじゃないですか。本来の文武両道が、周囲の環境を含めて、脳の入出力を回すことなら、思考とは、脳の中だけで入出力を回すことです。

こう考えてみると、昔の人は人間通でしたな。情報が少ないから、人間自身の訓練に時間が使えたんです。脳科学なんか知らないのに、学習の本質をちゃんと捉えてます。現代人は利口なバカだと、しみじみ思います。

第4章

大人の都合と子どもの教育

問題は親にあり

月に一度の子どもの弁当を作りたがらない親

私は保育園の子どもたちと、よく虫採りをします。縁があって、鎌倉市内の私立保育園の理事長をさせられているからです。そのくらいの子どもって、よくいうこと聞くし、偏見がないし、つきあっていると気持ちがいい。

それに、そのくらいの子どもたちというのは、たいへん面白い存在です。いわば自然と人工の中間にいますからね。みんなで虫を採りに行って、そのあとが給食です。保育園へ戻ってから、食事をする。私が机の端に座って、両側に子どもが十人くらい並ぶ。いちばん近くに男の子がいた。その男の子、四、五歳の子が、なにが気に入らないのか知らないけど、前のアメリカ人の女の子に向かって、悪口雑言《あっこうぞうごん》をいう。女の子のほうは、それだけ悪口をいわれても、平然としていました。

アメリカ人ですから、日本語がわからないのかと思いました。でも、いちおうわかっている。いろいろしゃべるので、わかります。悪口いわれて、よく黙ってる、偉いなと思って、しばらく観察してたら、なんと悪口をいわれると、相手の足を机の下で蹴ってるんです。男の子の悪口がやまないわけです。いったいどこで覚えるんだろう、こういうことを。そう思いました。そこに文化摩擦が出てるじゃないですか。日本人だったらまずやらないでしょう。机の下で、相手の足を蹴るなんて。これは家でお母さんがやってるな、とすぐ思いました。

そのくらいの年齢から、よかれ悪しかれ躾がちゃんと入ってるわけです。三つ子の魂、百までという。それででしょ。

理事会は経営の方だから、保育に直接に関わるわけじゃない。でも理事会で園長から話を聞くでしょ。そうするといろいろ領けることがある。

最近、父兄から躾が厳し過ぎるという文句が出ます。園長がそういう。「いったいなにをそんなに厳しくしつけているの」と聞くと、「食べ物を立って食べない、それだけのことです」という。食事のときに、座って食べなさいという。ところが、それをきちんと励行しようとすると、あるお母さんは躾が厳し過ぎるというらしい。

そういう家庭じゃ、子どもにどうやって食べさせてるんだろう。寝っころがって食べてるのかしら。そんなことを思います。

あるいは、お弁当のこと。ふだんは給食ですが、特別にお母さんにお弁当を作ってもらう日というのがあるわけです。教育的配慮というか、わざわざそういう日をもうけています。いつもは給食ですから、みんなが同じものを食べますが、そのときは全員が違うご飯を持ってきて、それぞれ食べるわけです。月に一回それをやっているのですが、県か市か知りませんが、それを二カ月に一回にしなさいという指導がきた。月に一回だと、父母から役所に文句がくるらしい。園長がそういう。

本音をいうと、ふざけるんじゃねえと啖呵《たんか》を切りたいところです。なにも月に一万円出せといっているわけじゃない。たかが月に一度、子どものために弁当を作る時間がないと、親がそういう。ここでは問題は子どもじゃない。親ですな。

国や自治体が保育のためにお金を出しているんだから、給食で当然じゃないか。なんで親が弁当を作るんだ。どうせそういう意見が、役人からも親からも出るでしょう。そう思うなら、勝手にそう思えばいいのです。そういう考えで、ロクな目にあわないのは当人なんだから。そういう親に、将来子どもが感謝するはずがないじゃないですか。

こっちは親切で弁当作れっていってるだけです。どうせ保育園じゃあ毎日作ってるんだから、作れっていうなら、給食くらい、いくらでも作りますよ。栄養士だって、二人もいるんだから。給食作るのが大変だから、一カ月に一回、弁当を作ってくれ。こちらは親にそんなことを頼んでるわけじゃない。子どもの気持ちを思うからじゃないですか。

こんな言い分をいう親も親なら、指導と称してそんなことをいってくる役人も役人じゃないですか。私が金正日《キムジョンイル》なら、そういう役人は死刑ですよ。そんなこといったって、通じる相手じゃないことはわかってますから、二カ月に一回になりました。それでもやらないよりよっぽどマシです。

子どもよりも親の通信簿が必要だ

文部科学省の主催で、生徒たちの成績評価をどうするのか、という会議があった。昔風にいうなら通信簿ですな、あれをどうするかというのがあった。その会議に出ろといわれて出たのですが、一度で懲りました。ああいう会議では、なにかいわなきゃならない。意見をいえというから、先生は子どもが朝ご飯を食べてきたか、毎日チェックしたらどうかと提案した。それを親の通信簿にすればいい。子どもの成績なんて、どうだっていいんです。

そうしたら、会議の後で、ある中学の女性の校長先生に、もし先生のいう通りにできれば、現場の教師は泣いて喜びます、といわれました。

子どもは自然だといったのが、おわかりいただけると思います。成績は意識的能力、社会的適応の問題です。でも食事は身体の問題、自然の問題です。そこが親の段階で、すでにお留守になっている。親ばかりを責めるつもりはありません。だから問題は都市化でしょうと、最初からいっているのです。

ある夏に、避暑地の大きなリゾート・マンションに、仕事で泊まったことがあります。夏休み期間だったので、子ども連れの父母がたくさんいました。朝食はビュッフェ形式でした。寝坊して食堂に行ってみると、先に朝食を済ませたお父さん、お母さんたちのお盆がテーブルにたくさん置いてあります。驚くほどの食べ残しです。一流のホテル並みですから、食事がまずいわけではない。これを見て私は、「名将言行録」の北条氏康のところを思い出しました。合戦の前に氏康とその息子の氏政が飯を食っている。途中で氏康がいきなり箸を置いていいます。北条の家も、自分の一代限りだ、と。周囲が驚いて、どうしていきなりそんなことをいうのか、それを尋ねます。すると氏康は、いま息子の氏政が飯にかける汁をつぎ足した。自分の飯にかける汁の量も、あらかじめわからないようでは、まして人の気持ちがわかるはずもない。この戦国で家を保てるはずがないだろう。そういった。

いまの父母は、北条氏政ばかりということです。私が氏康なら、日本の国ももはやこれまで、と箸を置いて見得を切るところですな。

実際に氏政の生きている間に、小田原の北条氏は秀吉に滅ぼされます。名家ですから存続の機会はあったはずです。秀吉はそんなに阿漕《あこぎ》じゃない。ところが北条一族は、なんの決断もできない。何度会議を開いても、なにも決まらない。氏政も出席してます。これが世にいう「小田原評定《ひょうじょう》」です。いまの日本ですな。なにを決めようとしても、根本方針は決められない。憲法の改正もできません。それなら憲法に従うかというと、インド洋に軍艦（イージス艦）を出している。

親と学校の役割をめぐる緊張関係

保育園にはある根本的な問題があります。たとえば東京都は保育園が不足しています。ですから、いわゆる無認可保育園を、東京都式の認可方式に変えました。それはいいのです。そうした背景をもとに、有名な学者さんたちも、都内に保育園をどんどん作ったらどうかという。

保育園の必要性を説くのはいい。増やすのもいい。でも私はその議論が先行していることに、じつは危機感を持っています。親が忙《いそが》しくて、子どもを預ける。それはどうしても必要です。しかしそこで親も保育園も、いちばん考えなきゃいけないことは、なにか。

親がどれだけの職分を果たせばいいのか。保育園がそれに対してどれだけの職分を果たせばいいのか。そこです。その答えがあるとは、いいません。しかし、親がそれがわかっていて、子どもを預けているのかどうか。

親のほうが勝手に忙しいから、子どもを預ける。それで子どもだけで預けられては、保育園としては、ちょっと黙っていられないという気持ちがある。忙しいから預けるのはいいんです。だけど保育園は親の代わりはできません。そのことは、やっぱりはっきりいわなければいけない。

どこまでができることで、どこから先ができないことか。その問題がつねに残ります。むずかしくいうと、これを緊張関係といいます。この問題に、あらかじめ定まった答えを出すことはできません。ですから父母と保育園は、その職分をめぐって、つねに緊張関係にあります。そこだけは、なあなあでは済まない。そこでは父母と保育園側が、喧嘩していいのです。それが緊張関係ということです。たとえば保育園で事故が起こったことを思えば、わかると思います。

しかもそれは、じつは教育のあらゆる面に関係してくる。どこまでが親の職分で、どこからが学校の職分か。現場の先生方は、つねにそれで苦労しているはずです。そこでの喧嘩は、じつは正しい争いです。いいかえるなら、争っていいことなのです。それを避けると、役に立たない教育、役に立たない学校ができます。自分の仕事を本気で考えないことになるからです。

大人の都合と子どもの都合の対立

父母だけではありません。対社会的にも、子どもについては、さまざまな似た問題が起こります。たとえばうちの保育園に建て直しという問題が起こりました。地震対策を考えると、そろそろやらなくてはなりません。どうせ建て直すのなら、いい環境に建て直したい。だれでもそう思うことでしょう。ともあれ行政はそういうことに慣れていますから、わりあいに環境のいいところを推薦してくれます。

ところが、自然環境はいいが、途中までが坂で、道路が狭く、車も通れない。そういう問題が起こります。親が子どもの送り迎えをするのが大変です。立地条件がその点では悪い。しかし、子どもにとってはいい環境です。

子どもにできるだけいい状況を与えてやろうと思うと、送り迎えにも困ってしまう。近隣の理解を得るのもむずかしい。静かな住宅地なら、うるさいものが引っ越してくるということになって、反対運動すら起こりかねない。実際に便利な場所を探して、そこの関係者に保育園のために土地を交換してくれないかと持ちかけたら、保育園にするとなれば、住民の反対運動が起きるだろうといわれました。

子どもは将来われわれの後を継いでくれる、なにより大事なもの。「白銀《しろがね》も黄金《こがね》も玉もなにせむに、まされる宝、子にしかめやも」（『万葉集』）。そんな感覚はもうありません。自分の子ならともかく、他人の子どもなんて、要するにウルサイばかりじゃないか。保育園なんか、いらない。親なら自分で育てりゃいい。そう思っているんじゃないですか。

突き詰めるなら、大人の都合と、子どもの都合と、どちらを優先するかということになります。人工の世界、自然破壊の世界では、結論は明白でしょう。親の都合、大人の都合を優先するのだと、答えはあらかじめ出ています。山上憶良《やまのうえのおくら》が嘆くでしょうな。現代の都市社会では、だから要するに「子どもはいない」んですよ。いないものは、考慮に値しない。そんなものが突然出てきたら、「反対運動」です。

とはいうものの、二の次にされて、それで育った子どもに問題が生じなければば、それはそれでいいわけです。現代はそこがいささか心配だから、教育問題なのです。

しかしどういう時代だって、子どもは育ってる。そういう楽観的な考えも、私の中にあります。親はなくとも、子は育つ。元気で虫を摑《つか》んでいる子どもを見ていると、子どもはウルサイなんていっているジジイは、どうせまもなくヨボヨボになって死んじまう。そこから先は、われわれの天下だ。全身でそう表現しているようにも思えてきます。子どもの環境が悪いということは、ある意味では、子どもを厳しく育てているということですからね。

だから保育園はいい。複数の大人が子どもを見てますからな。お母さんには保育園に預けなさいといいたい。でも母親の職分を捨ててはいけませんよ、ということです。

だれが子どもを育てるのか——母親の役割

いろいろな育ち方をした子どもを比較研究して、成人後の社会的人間関係を調べる。そういう研究があります。結論は簡単です。マザー・イズ・ザ・ベスト・マザーというものです。実の母親が育てるのがいちばんいい。

これはイギリスの論文ですが、アメリカで物議を醸《かも》しているという話がありました。よくわかります。アメリカは典型的な都市化社会だからです。都市のお母さんたちは、子どもの弁当を月一回も作らない、作りたくない人たちですからな。もちろんアメリカは広いですから、田舎もたっぷりあります。しかしアメリカの田舎の話は、ジャーナリズムの話題にはならないでしょう。ジャーナリズムとは、まさに都会のものだからです。

そのアメリカの話題で、テレビを見ていて驚いたことがあります。それはラス・ヴェガスの高校警察です。ナイフ以上の凶器を使った暴力沙汰、それだけは高校警察が関与します。そういう事件が一日に複数回、あるという。だから高校警察が必要なのです。

考えてみれば、そりゃ当たり前でしょう。ラス・ヴェガスは砂漠の真ん中に作られた、典型的な人工都市です。しかも賭博の街じゃないですか。繰り返しますが、子どもは本来自然です。そういう極端な人工環境で「自然である」ところの子どもを育てたら、どういうことになるか。ふつうの親だったら、考えてしまうでしょう。まして「孟母三遷《もうぼさんせん》」というくらいです。

母親が働くのは、文明国でも、開発途上国でも同じです。ただ文明国では、親は子どものいる場所から離れて働く。とくに母親の場合、これは深刻な問題になりかねません。そこは社会が合意しておく必要のあることだと、私は思います。だから子育ての間、ある期間は働くな、という話が出てくるわけです。

少なくとも生まれて二カ月ぐらいは、母親が必要でしょう。それは社会的にではない。生物学的に、です。その間は母子密着です。それがいいということはわかってます。いまは未熟児の場合でも、母親の肌に触れさせるのがいちばんいいと考えられています。だからいまでは保育器に入れっぱなしにはしない。これをカンガルー・ケアといいます。

その後は母子がどのくらい接触するか、それは文化的にも違ってきます。イギリスの貴族だったら、他人に任せっぱなしかもしれません。だから乳母《うば》がいります。イギリスは階級によって言葉遣いが違うといわれます。ところが本当の上層階級は、労働者階級の言葉が使えるという。なぜなら乳母に教わるから。じゃあその乳母は下層階級かというと、躾に関わる保母になれば別です。保母さんというのは、イギリスではきわめて高級かつ高給な場合があります。ダイアナ妃は保母さんになるための学校に行っていました。保母の地位が高いわけです。だから母子関係には、いろいろな形があり得ます。これと決まった教科書があるわけじゃない。根本にあるのは、どうやったら子どもがちゃんと育つか、それだけでしょう。そのことについて、戦後の日本社会がどれだけまじめに考えてきたか。私が育った戦前と比べてみましょう。

子育て共同体の再興を

私が育った時代には、近所のじいさん、ばあさんから、年中怒られてました。子どもはいたずらをするものだからです。塀があっても、子どもには無きがごとしで、塀を乗り越えて他人の庭に入り込む。市会議員だった人の立派な庭に入って、池でフナをとったり金魚をとったり。見つかったらイヤというほど叱られるのはわかってますから、それがまたスリルになる。そうやって育った子どもたちが、世間の常識をだんだん身に付けていくわけです。それを叱る役目のじいさん、ばあさんも、大変といえば大変です。

それは結局、共同体が子育てをしていたわけです。おたがいさま、ということです。他人の子のことだとはいうものの、自分の孫だって、どこの人のお世話になっているか、わかったものじゃない。そこには、子どもたちがちゃんと育つようにという、暗黙の合意がありました。社会の将来はこの子たちにある。そういう常識が全員に行き渡っていたわけです。人の子だろうがなんだろうが、目に余ることをすれば当然叱ります。つまりは親切にするということです。

いまでは周りの人は知らぬ振りでしょ。なにしろ何年も女の子を部屋に監禁していて、周りは知らなかったという事件があったくらいです。まったく知らないはずはない。怪しいと思っても、見て見ぬ振りをしたのでしょう。それは都市化してるからです。隣はなにをする人ぞ、です。おたがいに責任を持つことをしない。

逆に、こうした子育て共同体の再興は、私はあんがい易しいのではないかと思っています。保育園のところで、躾が厳しいという話をしました。それだって、似たようなことです。親が育ててるんだから、好きにさせときゃいいだろう。それが都会ですが、それを保育園が訂正する。それは都会的には、余計なお世話かもしれません。

でもそうしたことでもめるのは、健康なもめごとだと、私は思います。どちらにせよ、最終的には子どものためということで、話がつくはずだからです。だから私なんか、なんの役に立つんだよと思いながら、保育園に関わってるんですよ。給料貰うわけじゃなし、事故でも起こったら大騒動でしょうが。こっちは責任を問われるだけです。利口な人なら、こんなことはやりません。損するだけですからな。

小学校の校長はもっと若くていい

先日、出張先でテレビを見ていて、びっくりしました。若い人が校長先生になったというのです。日本でいちばん若いという。四十四歳だそうです。びっくりしたのは、四十四歳がいちばん若いという、そのことです。だって小学校なら、子どもの相手でしょうが。それなら若い人のほうが気が合いますよ。大学の教師をしてたって、五十過ぎたら、学生の父親の世代です。学生が寄ってきませんな。家に親父がいるだけでもうっとうしいのに、また学校に来てうっとうしい思いをしたくないでしょう。

校長人事がどうなっているか、だいたいはわかります。適任者の順送りでしょう。とくに不適任と思われる人は選ばないでしょうが、ともあれ順送り。それもいいけれど、それればかりでは困ります。でも世間では、たいていそればかりになります。そうしておけば、無難ですから。

いまの教育が無難でいいのか。そこがいいたいから、こんな本を書いてるんです。無難ばかりで、全体に難が来てますな。

この人が校長さんに選ばれた理由がまた面白い。反復学習が大切だというんです。エッと思いました。反復しない学習って、どんな学習なんですかね。反復しないで、英語がしゃべれるようになりますか。三味線《しゃみせん》を一度持ったら、弾けるようになりますか。現代社会の教育がいかに変わっているか、このテレビ・ニュースでよくわかったような気がしました。たぶん個性を伸ばそうとか、やっているんでしょうね。

もちろん、よく聞いてみると、大切なのは子どもに動機付けができることだと、この先生はいっていました。その裏にあるのは、なんでしょうか。自分ではおっしゃらないでしょうが、じつは先生のやる気です。それが子どもに伝わるのでしょう。

大学でもそうでした。解剖の実習といっても、やり方はいろいろあります。どういうやり方にするか、教官が年中議論するわけです。新しいやり方を主張する人に任せてやってみると、とりあえずうまくいきます。しばらくすると、たいていは元の木阿弥《もくあみ》です。議論に参加しなかった連中は、やれやれと思ってます。新しいやり方を主張した人は、熱心に実習の指導をします。その効果が大きいのだろうと思います。先生に熱意があるかどうか、子どもはそれをいちばん見てますから。先生が本気じゃなくて、子どもが本気で学ぶはずがないでしょう。それでなくたって、勉強なんかしたくないんだから。

軍隊式の教育を受けた私

私は小学校に入ってから、六十五歳の今日まで、学校で過ごしてきました。教師としてはロクなものじゃあなかったと思いますが、生徒として暮らした年月は長いんです。だからその立場から、どういう教育がよかったか、それはいえるんじゃないかと思います。

もちろん人はそれぞれですから、私にとってよかったことが、他の人にもよいこととはかぎりませんよ。以下の話は、そういう留保付きです。

中学・高校は、イエズス会の栄光学園でした。当時できたばかり、六年一貫教育でしたが、私は四期生です。だからまだ卒業生もいなかったわけです。

変な学校でしたな。終戦直後、世の中は平和憲法万歳だというのに、いうなれば軍隊教育です。イエズス会はもともと反宗教改革、つまりカトリック側から宗教改革に対抗して生じた団体です。創立メンバーの一人が、日本まで布教にやってきたフランシスコ・ザビエルです。イエズス会は法王直属で、法王の軍隊といわれたのですから、それで軍隊式なのかもしれません。なにしろ規則、校則がやかましかった。校長以下、首脳部はドイツ人の神父さんです。それで雰囲気がわかっていただけるかもしれません。

授業の始まり、終わりのベルが鳴ると、その場で気をつけです。ボールを持っていたら、足下にそれを置いて、気をつけ。ベルが鳴り終わると、駆け足で校舎の入り口に整列です。校舎に入ったら沈黙。口をきいてはいけません。教室に入ると、自分の席に座って瞑目です。やがて先生が入ってきて、ヨシというまで、そのまま。とくにトイレではしゃべってはいけない。見つかると、便所掃除一週間という罰則です。だから便所はいつも清潔でしたな。

校内に当時は修道院がありました。そこに神父さんが大勢いましたから、国連みたいでした。そういう神父さんたちが、手伝いに来てくれます。だから目が届く。そうでなければ、こんな校則は守られません。年齢からすれば、悪ガキの集まりですから。私が英語を習ったのは、ドイツ人、ベルギー人、アメリカ人、アイルランド人など、体操の先生ははじめチェコ人、ときどきブラジル人、物理ははじめドイツ人の神父さんでした。だから私は物理がダメなんです。教師のせいにするなといわれそうですが、日本語が上手でないのに、話が物理ですからな。どこまで話が混乱するか、落語みたいなものです。でもノーベル賞の小柴さんも、この学校で教えていたことがあるそうです。

二時間目が終わった休み時間が、珍しい光景だったと思います。授業が終わると、雨でない限り、全員が外に出ます。上半身裸になって、行進です。男子校だから、それができる。全クラスの授業が終わって、全員が外に出てしまうと、行進が終わって体操です。真冬のさなかでも、これです。若いものは丈夫ですな。いまの私なら、間違いなく風邪をひきます。

よいことは人に知られないようにやりなさい

この学校でなにを教わったか。それがなかなか説明がむずかしい。結論からいうなら、無償の行為です。人のためになにかするんですが、報酬は求めない。これを突き詰めると、人のためかどうか、それすら明瞭ではなくなります。世のためになったというので、偉い人には、勲章をくれますな。あれとはまったく違うわけです。

考えてみてください。神父さんは教育の素人です。そもそも先生の資格があったんですかね。終戦後のいわゆる混乱期ですし、外人のすることですから、だれも気にしなかったんでしょう。なにかを一生懸命に、素人が子どものために、ひたすらやってくれたわけです。つまりそれです。無償の行為とは。見ているのは、おそらく神様だけです。それも、見ているかどうか、神様はめったに出てきませんから、わかりませんな。

これがキリスト教のいいところです。頼みもしないのに、他人の子の世話をしている。そもそも頼みもしないのに、日本まで布教に来たんですから。教育の目的を聞くと、立派な社会人を育てるというのです。私が立派な社会人に育ったかどうか、それはともかく、いまにして感心します。これをボランティアというのです。アメリカに入って、それが変質したようです。日本に入って、もっと変質しました。なにしろ教職につくには、ボランティアの経歴がいるとかいらないとか、いってますから。

この学校のドイツ人校長が、晩年にいっていたことを書きます。よいことは、人に知られないようにやりなさい。悪いことと同じですな。人に知られるようにボランティアをするのは、しないよりマシでしょうが、無償の行為じゃありません。

教育とは、本質は無償の行為でしょう。見返りなんか、期待してない。私はそう思います。じつはそれが最良の教育になるんじゃないかと思っています。だから宗教と教育は関係が深いんです。イエズス会の学校は世界中にありますが、教育では定評があります。イエズス会の学校を出たというと、たいていの国で、あそう、といって通じます。いい学校だと、知っているんですね。その基本は真のボランティアでしょう。なにしろ仕える相手は本当は神様で、自分の給料が上がるとか、進学率が上がったとか、そういう話じゃないですから。

いまの時代にこんなことをいっても、だれも気にしないかもしれません。現実的ではないといわれます。なにしろ少子化で、学校は経営第一ですから。人間万事、金の世の中。そう書いた西鶴は元禄の人で、元禄は江戸時代の都市化が進んだ時期です。そうなると、無償の行為はなくなるらしい。

考えてみれば、貧乏人はもともとお金がないから、なにをやっても、結局は無償の行為になるんですな。だから貧乏してるわけです。

教育はその意味では、本質的に貧乏人のものなんですな。いまではだれもそう思ってないでしょうが。東大生の親の平均年収は一千万以上で、慶大生の親を超えたなんていってますからな。

でも教師は貧乏でしょう。私の女房がいつもこぼしてましたな。「東大の教授で、世間では偉いはずだけど、給料足りません」、て。私のほうは「俺に泥棒しろってのか、文句があれば文部省にいえ」、そういってましたけどね。東大辞めたら、いろいろ楽になりましたな。

第5章

変わる自分、変わらない自分

心と身体の関係

オウム世代と言葉が通じなくなった

オウムの学生たちが現れた時期に、若者ががらりと変わったという話に戻します。

私は教授室をフリーパスにしてました。もちろん学生たちは遠慮しますが、私も若かった時代には、学生たちが私の部屋でよく遊んでました。お蔭でまだ読んでないマンガがあると、学生が持ってきてくれたりしました。以来、マンガを読む癖がつきました。

私が五十代の半ばになると、だいぶ年が離れましたから、学生との間隔が開いたなと思ってました。当たり前ですが、以前のように、友だちづきあいに近い関係ではなくなりました。そこへ珍しく学生がやってきて、先生、お願いがありますっていう。なんだと尋ねると、今度の休日に、富士宮で尊師が一時間水の底にいるという公開実験をします。つきましては先生に立ち合い人になっていただきたい。こうきたわけです。

こっちはポカーンですよ。そもそもソンシってなんだ、富士宮ってどこだったっけ。水の底に一時間いるって、いったいなにをするんだろう。すぐに考えたのは、インドから行者が来て、マジックをする。水の底に一時間いる。そういうマジックです。「タネを見破れるか」という挑戦だと思った。

そう思って、いろいろ尋ねました。それでわかったのは、学生は大真面目だということです。それがわかった瞬間に、こっちはふたたび大ショックです。五分間、酸素の供給を断てば、脳は回復不能の障害を起こす。医学生なら、そのていどの常識はあるはずです。講義で習わなくたって、医学を勉強しているのだから、「習ってない」は通じません。患者の前で、「あんたのような病気は習ってません」、そうはいえないでしょうが。

なにがどうしたのか、よくわからないけれど、ともあれ当たりさわりのないことを聞いてみました。

「あんたはなにをやってるの」

「ヨガをやってます」

「そうか、それなら少しわかった。ヨガをやって、なにかいいことあったか」

「ありました。食欲がなくなって、性欲がなくなりました。一日二食で済みます」

私が育った時代のように食糧難なら、一日二食で済めば便利でいい。でもいまの若い人が、なんで一日二食がいいのか。そういうわけで、一問一答を覚えているくらいですから、印象が強かった。もちろん、ちょっとおかしいなと思いました。

でもいわゆる精神病の患者さんじゃない。病気の学生はほとんど毎年いますから、それには慣れてます。しかし目の前の学生はそれとは違う。質問がなくなって、話が切れかけたら、うちの道場では空中浮遊なんて日常的ですという。それがどんなものか、こちらにはわからない。いまでもわかりません。ともかく修行の結果、身体が宙に浮くらしい。

問答の途中で、宇宙医学専攻の同級生がたまたま訪ねてきて、話を途中から聞いていた。「なに、お前は飯を食わん、体が宙に浮く。それなら宇宙飛行士にはもってこいだ」。そういいました。そうしたら、学生はシラケて帰ってしまった。それがオウム信者との最初の出会いです。

　そのときはオウムなんてものに関心はなかった。麻原彰晃もオウムも、なにか騒いでたのは知ってましたよ。選挙にも出ましたから。麻原彰晃と、飛行機で向かいの席に乗り合わせたこともあります。だけど、オウムがいかなるものであるか、ほとんど関心もなかった。ただその学生が帰ってから、遅発性のショックが来ました。

　ふつうじゃない、いわゆるおかしな学生なら、私はたくさん知っています。何人も面倒を見てます。しかしオウムの学生は、それとはまったく違う。これまで診たような病気じゃありません。まとも、かつおかしい学生だったわけです。入院するような病気とは違います。それでいて、考えていることが正常とはいえない。それで数年後にはついにサリン事件でしょ。

　地下鉄サリン事件は三月でした。ちょうどその半年前に、私は長く勤めた東大を辞めようと決めていました。実際に辞めたのは三月末日です。定年の人なら、定年はその日付になりますから、それに合わせただけです。

　辞めようと思った理由の何割かは、学生と話が通じなくなってきたからです。その典型がオウムです。それまでは、変な学生であっても、自分の経験の範囲だと思ってました。おかしければ、精神科へ回せばいいのです。いうなれば、ある守備範囲があったわけです。

団塊の世代がいくら暴れたところで、いっていることは、それなりにわかりました。「またバカなことして」で済む。要するに行動が違うだけです。おまえらダンゴになってやるのは卑怯者だよとか、そういう議論ができるじゃないですか。そうすると、あんたは感覚が古いんだとか、相手もそういってくる。そういう話まで詰められます。

僕らが持っていた不満と同じ不満がある。ただその不満を解消する手段が違うだけだった。われわれは我慢したけれども、団塊の世代は我慢なんかしなかった。それだけです。ともあれなにが問題か、その認識は同じだったわけです。ところがオウムになると、もはやそうした理解もできない。仕方がないから、私なりに若者について勉強しようと思って、せっかく一年浪人で楽をしていたのに、また北里大学に就職しました。同じ若い人とのつきあいです。浪人中にいろいろ考えて、こうかなと思って出てきた結論を、実地に確かめたいという気もありました。

知のあり方が変わった

浪人中は、若い世代の書くものを勉強しました。香山リカさん、宮台真司さんといった世代です。そこまで下りないと、話がわからなかった。こうした人たちのいうことを吟味《ぎんみ》していくと、私なりにわかることがあります。

まず第一に、知るということの意味が、根本から変わってしまったらしい。いうなれば、知るということがまさに技法、ノウハウに変わったんです。

この話はなかなか面倒です。なぜなら世の中の常識の変化だからです。常識はじつは意識されずに変わります。だから老人は気がつかないで時代遅れになるし、若者は無意識に変わっているから、その説明が十分にはできません。それが世代のズレです。

現代の「知ること」、その大前提はなにかというと、自分は自分だということです。自分が自分だということは、自分は本質的には変わらないと信じることです。変わらない自分がものを「知る」とするなら、それは変わらない自分に知識が付け加わるわけです。データベースが増えるということです。それなら知は技法でいい。その知識をいかに取り入れるか、それは技法だからです。

ところがこっちは医者だから、たとえばガンの告知問題を議論するわけです。紛争の頃なら、看護婦さんや若い医者が、患者さんにガンの告知をすべきか否か、議論しているわけです。そういうときに、私はバカなことをいうんじゃないっていう立場でした。

どういうことかというと、「あなたガンですよ」といわれて、自分の寿命があと三カ月しかないということを、本当に納得したとき、いま咲いている桜が違って見えるわけです。来年の桜はもはやない。ところが桜自体は同じ桜です。その桜が違って見えるのは、どういうわけかというなら、自分が変わったということです。同じ桜なんだから。

知るということは、本質としての自分も変わるということです。それを大げさに表現するなら、自分が別人になる。若い世代には、その感覚がまったく消えたということでしょう。自分という確固とした実在があって、それに知識が積み重なっていく。それはコンピュータの中にデータが蓄積されるのに等しい。いまの若者は、暗黙のうちにそう思ってるんだなと思いました。若者がそうなったのは、むろん大人の「常識」がそうなったからです。

私にとって大学がおかしくなったように思えた理由の一つは、それではないかと思いあたりました。習うほうの学生が、自分が変わっていくとは思っていない。それでは教育になりません。育つというのは、変わるということじゃないですか。教育の「育」は「育つ」ですよ。それを、コンピュータの容量が増えると思ってるんじゃないんですか。それでは「育たない」。そこが非常に問題だということに気がついて、以来いままで七年間、なぜそうなるかをさらに考えてきました。

現代社会の常識は「変わらない私」

この問題は、根が深い。自分とはなにかというのは、とても古い問題だからです。そんなことは哲学の問題でしょう。日常生活をする人は、そう考えるかもしれません。そうはいかない。自分という言葉は、日常で使われます。その意味するものが、はたして変わるものか、変わらないものか、どちらをとるかは、日常生活に大きな影響を与えてしまいます。

自分はどこまで自分か。そんな問題は、高校か大学の若者が考えることでしょうが。そうかもしれません。でもわれわれには暗黙の前提があります。その前提をいうなら、現代人は自分は自分で変わらない。そう思っているはずです。そりゃもちろん、生きていれば、日一日と歳をとる。そのくらいのことはわかってますよ。そうおっしゃるかもしれません。

でもそれは、たかだか一日分ということじゃないですか。長い一生から見れば、無視してもいい変化です。そう思っているに違いないのです。

私は今年六十五歳です。私のアルバムの最初のページには、お宮参りの写真があります。生後五十日の赤ん坊ですよ。これが私か。こんな赤ん坊は、いまの私とはまったく違う。そうでしょ。しかし名前はそのときから同じです。そこでだまされますね。名前は情報です。情報は変わりません。でも私という実体は、歳とともにひたすら変わってしまいます。変わるのが人間なのです。

現代社会に生きていると、そこを大きく錯覚します。テレビのニュースであれ、新聞記事であれ、私たちはつい日替わりだと思ってしまいます。情報は日替わりだけど、私は私で、どこまでも同じ私だ、と。それは話がまったく逆じゃないですか。そもそも昨日の私なんて、どこを探してもいませんよ。でもテレビのニュースやら新聞記事なら、探せば出てきます。

情報は永続しますが、人間は消えます。いつも生きて動いているからです。現代の都市社会の常識では、そこのところがひっくり返ったから、教育が変になりました。だってその社会の前提は「変わらない私」なんですから。変わらないなら、前にもいったように、育たないじゃないですか。それじゃあ、どう「教育」しろというんですか。

「変わらない私」と思い込むのは、いまの世の中の見方をそのまま受け入れているからですね。だから世の中の大勢の見方と反対を見ることができる「逆さメガネ」をかけなくては、本当の姿が見えてこないんですよ。

こうした都市社会の成立は、日本だけではありません。アメリカだってヨーロッパだって、同じことです。だからますます錯覚するんですよ。いってみれば、世界中が変なんだから。いまの日本社会は、もともと十九世紀のヨーロッパをお手本にしてできています。アメリカも同じです。

その十九世紀末に生まれたカフカという小説家が、変な小説を書きました。『変身』という題の短篇です。主人公のグレゴール・ザムザは、ふつうの勤め人です。いまのサラリーマンと思えばいい。そのザムザが朝起きてみると、自分が虫に変わってます。ただし等身大の大きな虫です。

それじゃあ、ザムザ本人はどう思っているか。相変わらず自分はグレゴール・ザムザだと思っています。だれがそう主張するんでしょうか。意識でしょ。だから都市社会は意識社会だといったのです。

朝目が覚めると、ああ、俺は俺だ、と思う。今日は昨日の続き。それは意識が戻ったということです。意識は寝るととりあえず消えますが、朝になると戻る。そのつど私たちは、私は私だと、確認する。もちろんそこはほとんど無意識ですよ、変な話ですが。意識は勝手になくなって、勝手に戻ってきます。変なものですな、意識というのは。そのくせ、身体が勝手に変わるのを許さない。歳はとりたくない、なんていってますから。

カフカはちゃんとわかっていたわけです。当時の社会の常識を延長していけば、自分の身体が虫になったって、意識は私は私だと主張するだろう、と。いまはカフカのいう通りになりました。それが私たちの現代社会、情報化社会です。なぜ情報化社会か。コンピュータが普及して、テレビのない家はなくなって、だれでもケータイを持っていて、毎日おびただしい情報が流れるから。ほとんどの人はそう考えていると思います。

私は情報化社会という言葉を、違った意味で使います。人間自体が情報になったのです。情報化したのは人間なのです。すでに情報は「変わらない」といったじゃないですか。「同じ私」とは、変わらない私です。変わらない私とは、情報としての私です。

「昨日の私」は情報でしかない

デカルトの有名な言葉がありますね。「われ思う、ゆえにわれあり」。ふつうに解釈すれば、この言葉は「存在するのは私という意識だ」といっているわけです。それならそこには、暗黙のうちに、「同じ私」ということが含まれてしまいます。だって私が変わってしまったら、それは私じゃないじゃないですか。そんな屁理屈をいって。そう思う人もいるでしょう。でも「本当の私」がどこにいるか、素直に考えてみてください。いまここにいる、この私、それ以外に私のありようはないのです。あるというなら、昨日の私を見つけてきてくださいよ。昨日の私について、今日も存在しているのは、私に関する情報だけです。昨日の写真とか、昨日の身体検査の結果とか、昨日いったことをテープにとってあるとか。ホラ、情報は変わらないで残るでしょ。とっておきさえすれば、百年だって残りますよ。でも昨日の私はいません。百年経つ前に、まず間違いなくいなくなります。

情報化社会では、情報と人間がひっくり返しに錯覚されてしまうのです。自分は名前つまり情報ですから、いつも「同じ」です。同じ都会人でも、江戸の人はそんな変なことは考えませんでした。だから江戸の人は、ときどき名前が変わったんです。小さいときの名前、これを幼名といいます。元服したあとの名前、役職に就いたあとの名前、隠居したあとの号、それぞれ違うじゃないですか。

自分が情報になり、変わらなくなったから、死ぬのは変だということになりました。同じ私、変わらない私があるなら、死ぬのはたしかに変です。だって死ぬとは、自分が変わるということじゃないですか。だから現代人は死ぬことが理解できなくなったのです。すでに述べた四苦、生老病死は、人の一生が変化の連続だということを示しています。それがすべて「変なこと」になってしまいました。日常のできごとじゃないんですから。それと同時に、真の意味での教育が不在になりました。若者もまた、「変わらなくなった」からです。

人が変わらなくなった社会で、いちばん苦労するのは子どもです。なぜか。子どもとはいちばん速やかに変化する人たちだからです。育つ、つまり変わっていくこと自体が、いってみれば、子どもの目的みたいなものです。情報化社会になると、情報はカチンカチンに固まって、止まってますから、どうしようもない。少子化になるわけです。

子どもだけじゃありませんよ。若い人になにが要求されているか、考えてみてください。個性を伸ばせとか、自分探し。そんなの、あるわけないでしょ。だって探している当の自分がどんどん変わっていくんだから。

なぜ意識は「同じ私」というのか

寝ている間は、意識はありません。夢を見ることはあります。でも夢を見ているときの意識は、起きているときの意識と違います。いちばん大きな違いは、夢の中では、自分はなんにでもなるということです。中国の古典には、夢に蝶となるという有名な話があります。

ところが目が覚めた途端《とたん》に、どうなります？　ああ私だ、と気づく。それは昨日と同じ私でしょ。つまりそれが意識の特徴なんです。意識は「同じ」ということをいうためにある。私はそう思っています。

昨日寝る前の私と、今朝目が覚めたときの私、それが「同じ私」だという保証はありません。寝ている間に、卒中を起こして死んじゃう人だっているでしょう。目が覚めたときは、死んでいるわけじゃないですか。

目が覚めるたびに「同じ私」だと確認します。それを毎日繰り返すから、「同じ私」があるに違いないということになります。でも長年生きていると、どうなりますか。いつのまにか、私みたいに白髪になってます。たしか以前は若かったのに、もう体力がない、よれよれになってます。そのときでも、私は同じ私だと、言い張るのが意識なんです。

じつは問題は「私」という言葉ではありません。「同じ」という言葉のほうです。考えてみてください。いったい「同じもの」って、見たことがありますか。どう考えても、ありませんな。コップが四つあっても、全部違います。なぜ違うかというと、置いてある場所が違うからです。住所が違いますな。そんなこと、違う保証にならないじゃないか。それに反論するのは簡単です。ガラス切りを持ってきて、コップに番号を刻んでしまえばいい。ペンキ塗ったっていいんですよ。一番から四番まで、番号を振ってしまう。ホラ、それぞれ違うコップじゃないですか。

外の世界を見ているかぎり、私たちは「違うもの」しか見ません。百人いれば、百人それぞれ「違う」人です。当たり前じゃないですか。でもそう考えると、つぎに不思議に思えてくることがあります。見たこともないのに、どうしてわれわれは、「同じ」という言葉の意味を知っているのでしょうか。だって世界の中で見るもの、聞くもの、全部「違うもの」なんですから。ところが「同じ」私ということを、目が覚めるたびに思うわけです。そこじゃないんですか、根本は。目が覚めると、そのつど「同じ」私だと確認する。だから自己という意識が生じてこのかた、「同じ」という意味はわかってるんです。むずかしくいうなら、同じという概念は、自己同一性に由来するのです。同じという概念の起源を探して、外の世界をいくら調べても、同じものは出てきませんな。同一性、それが意識の特徴なんです。いいかえれば、意識とは自己同一性そのものだということになります。

客観的な科学が嘘となる

意識があれば、言葉を使うでしょ。意識のない人は言葉を使わない。ふつう意識があることと、言葉を使うことは、ほぼイコールです。だから言葉には、意識の持つ「同じ」という性質が、みごとに出ています。

私が「リンゴ」といっても、あなたが「リンゴ」といっても、同じ言葉としての「リンゴ」です。ところが、具体的なリンゴを見てくださいよ。全部違いま す。色も形も大きさも、ていねいに見れば、みんな違うじゃないですか。

それだけじゃありません。言葉そのもの、音声であれ文字であれ、これを調べると、なんと全部違います。ＮＨＫが正しい日本語なんていうとしても、よくよく考えたら、そんなものはありません。一億二千万人がそれぞれいう、リンゴという音、これは全部違う音です。そもそも声が違います。声紋というのがあって、いまでは声の個人識別ができます。リンゴっていう字を書かせると、日本人全員が違う字を書きます。活字だって拡大してみれば、紙の繊維が見えますから、全部違う形をしてます。

にもかかわらず、リンゴって書いたら、だれでもそれは同じリンゴという言葉だと思うわけです。ホラ、意識が扱うものは同一だという原則が、そこにもみごとに出てるじゃないですか。それがわかったら、正しい英語の発音なんて、いわないでください。正しい、正しくないじゃない。わかるか、わからないか、それだけです。どんなに正しく発音したところで、相手が英語を知らなかったら、わかるわけがないじゃないですか。

同一だと思っているから、いかに子どもが下手な字でリンゴと書いても、親は一生懸命見て、「あ、これリンゴって書いたんだ」と思うわけです。それで、「ついにうちの子どもが字を書けるようになった」って喜ぶ。親が見たんでなけりゃ、とうていリンゴだなんて読めやしません。ほとんど暗号です。字からすればまったく違うリンゴなんだけど、やっぱりリンゴはリンゴだと親は思う。それが意識です。

根本的にわれわれの意識というのは、同一性を主張するものなんです。それに尽きる。それ以外に同一性なんてありません。現物はかならずどこか違ってしまう。それは科学をやってもわかります。科学は外の世界を客観的に見るということになってます。それならそこには、「違うもの」しかないはずです。

物理学者は最初なんといいましたか。物質は原子からできている。そういいました。鉄なら、鉄の原子が集まっているわけです。「同じ」鉄の原子ということです。ところが自然界を調べていったら、その原子が百種類になってしまった。いくら種類が増えたって、鉄の原子は鉄の原子です。そう説明したわけです。そうしているうちに放射線が見つかり、同位元素が見つかってしまいました。

水素は水素、酸素は酸素の原子で同じだよっていったけれど、じつはそうはいかない。水素原子だって一種類じゃない、重水素もあれば三重水素まであることがわかりました。そうすると、やっぱり原子だっておたがいに違うじゃないか、ということになります。だから基本粒子だったはずの原子は、より基本粒子である素粒子の集まりということになりました。素粒子はそれぞれ「同じ」だといいたいわけです。もう信用しませんな、私は。どうせ今度は、素粒子がまたまたクォークの集まりになるわけです。物理学は外部の世界を記述するわけです。それなら最後にはやっぱり「違う」という話になるに決まってます。

原子の中で、素粒子がぶんぶん回ってる。それなら原子によって、素粒子のいる位置が違うはずです。それを同じだというのは、便法です。同じだというのは、人間皆同じというのに似ています。目の悪い人がいろんな人を見たら、同じ人を見てるというかもしれません。それと同じじゃないですか。細かく見たら違うだろうという話になります。

そういう意味で、外界に同じということを措定《そてい》したら、ある点から先はどうしても嘘になってしまいます。「客観的」な科学が嘘になるのは、そこからです。

その意味では、物理学が客観的だなんて嘘です。そういうことをいうと叱られるけど、そうだからしょうがない。

脳みそを考えに入れたら、すぐそういうことがわかるんです。だってすべては意識が扱うことなんだから。その意識は、ひたすら同じ、同じというんです。

君子は豹変す——新しい自分が生まれる

古典を読むと、逆ですよ。人間が変わるということを示す言葉は、枚挙にいとまがないくらいです。そういう言葉が世間から消えていったことがよくわかります。たとえば「君子豹変」と昔はいいました。これなんか、いまではたぶん悪い意味でしょ。昨日まであいっていたのに、今日は違うことをいやがって。そういう意味だと思ってるんじゃないんですか。

それは違います。君子は豹変するんです。いままで気づかなかったことを学べば、ガラッと考えが変わる。それでいいのです。末期ガンで、保《も》っても半年です。そう医者にいわれたら、豹変しておかしくないでしょ。自分が仮にそういわれたとして、なにを思うか、いまからわかりますか。わからないでしょう。そのときになならなければ、わからないんです。そのときの自分とは、いまの自分とは「違う自分」じゃないですか。いまの自分にはとうてい理解できない人なんですよ。それがどうして「同じ自分」なんですか。

「朝《あした》に道を聞かば、夕べに死すとも可なり」。『論語』にそういう言葉がありま す。朝学問をすれば、夜になって死んでもいい。学問とはそれほどにありがたいものだ。ふつうはそう解釈されてるんじゃないでしょうか。でも、若い人が聞いたら、バカじゃないかと思うんじゃないんですか。朝学問をして、その日の夜に死んじゃったら、なんの役にも立たないじゃないか、って。

私は解釈が違うんです。学問をするということは、いわば目からウロコが落ちることです。つまり自分の見方がガラッと変わるわけです。自分がガラッと変わると、どうなるか。それまでの自分は、いったいなにを考えていたんだと思うようになる。前の自分がいなくなる、たとえていえば「死ぬ」わけです。わかりやすいたとえは、恋が冷めたときじゃないですか。なんであんな女に、あんな男に、死ぬほど一生懸命になったんだ。いまはそう思う。じつは一生懸命だった自分と、いまの自分は「違う人」なんですよ。一生懸命だった自分は、「もう死んで、いない」んです。

人間が変わったら、前の自分は死んで、新しい自分が生まれているといってもいいのです。それを繰り返すのが学問です。ある朝学問をして、自分がまたガラッと変わって、違う人になった。それ以前の自分は、いわば死んだことになります。それなら、夜になって本当に死んだからって、いまさらなにを驚くの。そういう反語なんです。それで正しい解釈か？って。そんなこと、知りません。私はそう思っているというだけです。

いまの人は、そんなことはもうまったく考えないでしょう。だって、私は私で、変わらないはずなんですから。だから自分が変わった覚えもないでしょう。

要するに知ることは自分が変わること、その常識が消えてしまっただけのことです。だから知ることの意味がまったく違ってきました。そういう世界で学生を教えていたから、なんだか変だなあと思うようになったわけです。

自分が変わったとたん、ある種の知識は意味を持たなくなっちゃうでしょ。あと半年で寿命が終わりだと思ったら、会社の人がどんな噂話をしてようが、関係ないよ、そんなもの、と思うんじゃないですか。昨日までは自分も一緒になって、ワイワイいってたのに。でもそれで当たり前でしょ。

いまの自分こそ間違いのない自分

なにが大切かということは、自分がどう生きるかを抜きにしては考えられないのです。しかしそれは、自分が変わってしまえば、ガラッと変わってしまうんです。だから人生の何割かは、いつだって空白で保留しなきゃいけません。それを私は無意識といったんです。

人生にははじめから空白があって、そこは読めないんです。現代人はもっぱら「ああすれば、こうなる」ですから、空白を認めません。考えてないんです。明日死ぬよ、というときは、今日一日、なにしたらいいんですか。

テレビを見ていたら、森津純子さんという女医さんのインタビューがありました。まだ四十歳前で、私から見れば若い人です。この人ははじめからホスピスのお医者さんなんです。末期の患者さんにつきあって、残りのわずかの人生の面倒をみてあげている。若いのに、偉いなと思いました。

その中で、印象に残った話があります。ホスピスで上手に死ねる人とは、どういう人か、というのです。そのときそのときを楽しんで、懸命に生きている人だというのです。よくわかるじゃないですか。いまの自分こそ、間違いのない自分です。将来課長になり、部長になり、社長になる、その人生の途中にある自分ではないのです。社長になった自分って、どんな人か、いまわかりますか。およそ、いやな奴かもしれないんですよ。

こういう世界でいちばん生きにくいのは子どもです。それはそろそろわかっていただけたんじゃないですか。子どもはいちばん激しく変わる人です。昨日と今日ではもう違うんですから。ベッドで寝たきりかと思っていたら、今日はもうハイハイをしてます。そのうち歩きだしてしまいます。そうしたら今度はおしゃべりです。どんどん育つ、変わる。

教育とは、それを手助けすることでしょう。その手助けするほうが、私は私、同じ私だと、頑固に信じている。やりにくい世の中ですな。

以前、大学の研究室で、ネズミを飼ってました。生まれたときから、水をやって、餌をやって、それを切らさないようにしてあります。そういうネズミは、なにもしませんな。檻から出しても、逃げもしません。ときどきその姿が、いまの若者と重なります。

そういうネズミを長く飼っていると、それでも情が移ってしまいます。そうなると実験に使えなくなっちゃうんです。しょうがないから、飼い殺しになっちゃうわけ。

餌は十分だし、ネズミはもうブクブク太っちゃう。なにをしてるかというと、小さい体で太りかえって、暑い日にはひっくり返って腹を出して、上向いて寝てます。ただし口の先だけは、吸水管にくっつけている。いつでも水が飲めるようにしているんですな。泰平のネズミ、まさにいまの日本人です。

これがいったん檻の外に出て、数日経ったらどうなるか。たちまちふつうのネズミになります。もう捕まりませんよ。机の縁を、ヒゲで恐る恐る触りながら歩いていた、あのネズミとは、とうてい思えません。じつに敏捷に動きます。

私はなにも悲観してませんよ。環境しだいで、生きものなんて、それほど違ってくるんですから。だからこそ、教育なんです。

個性とは身体にある

人間が変わるということを認めたら、個性ってなんでしょうか。変わらないものって、なんなんでしょう。もういいました。変わらないのは、じつは情報です。

でもふつうに個性っていうじゃないですか。個性を伸ばす教育とか。それはどういうことでしょう。

だれだって、あなたを他人と間違えません。そそっかしい人なら別ですが。どうして間違えないかというなら、顔が違う、立ち居振る舞いが違う、つまり身体が違うからじゃないですか。

どのくらい身体が違うかというと、たとえばあなたの皮膚を取って、親に移植したと思ってください。つきません。逆に親の皮膚をもらって、自分につけてもらっても、やっぱりつきません。移植した皮膚はまもなく死んで、落ちてしまいます。だれも教えたわけではないのに、身体は自分と他人を、たとえ親であっても、区別しています。それが個性でしょうが。そこまではっきり区別するもの、親子ですら通じ合えないもの、それこそが個性じゃないんですか。

だから個性とは、じつは身体そのものなんです。でもふつうは、個性とは心だと思ってるでしょう。そこでも話は逆じゃないんですか。心に個性があったら、どうなるか、まじめに考えてみたことがありますか。

心とはなにかといえば、共通性そのものです。なぜなら私とあなたで、日本語が共通しています。共通しているから、こうやって話して、あなたがそれを理解します。同じ日本語で話しても、それが理解できなかったら、どうなりますか。つまり通じないわけです。通じなかったら、話す意味がありません。通じるということは、考えが「共通する」ということでしょうが。

ということは、心って共通性を持たないと、まったく意味がないということなんです。感情だって同じでしょう。自分だけが悲しい。自分だけが怒っている。こんな寂しいことはありません。周囲の人が共感してくれたら、とても嬉しいじゃないですか。感情だって、つまり共通がいいってことでしょうが。

そう思ってなかったんじゃないんですか。私の個性は私だけの考え、私だけの感情、私だけの思いにある。そんなふうに思ってませんでしたか。

心のどこに個性がありますか。ほんとに心に個性があったとして、他人に理解できないことを理解し、感じられないことを感じている人がいたら、それはまさに病気じゃないですか。私の考えをここで説明して、それがわかってもらえたら、それは私の考えだけじゃなくなるんです。だから身体は個性ですが、心は共通です。

心に個性があると思い込むムダ

ところが、世間はふつう逆さまに考えてます。世間の人の見方を逆さまに見ると、はじめて正しく見えるのですね。それじゃあ、世間の人のほうが「逆さメガネ」でものごとを見ているということになるのかもしれませんね。

脳はどうかといえば、脳自体は身体ですから、個性があります。ところがその脳のはたらき、とくに心と呼ばれるはたらき、要するに意識のはたらきは、共通でなければどうにもなりません。だから意識は「同じ」というのだと、さんざんいったじゃないですか。心は意識でしょ。それは要するに「同じ」なんです。「自分だけの言葉」、そんなものを使ったら、どうなります？　精神科に入院でしょうが。

考えていることは、人それぞれ、みんな別々のものだ。そう思うのは、それが他人に見えないからというだけです。ためしに他人にいってみると、「またアホなこと考えて」といわれたり、「そうだよ、おまえのいう通りだ」といわれるかもしれません。どちらにしても、相手はわかってる。つまり共通になっちゃう。

他人にわかってもらえない考えを自分が持っていても、とりあえず意味ないでしょ。他人に関係ないから、それは黙ってて済むんです。それを個性だと思うなら、勝手にそう思えばいいけど、社会的にいえば、そんなものはあってもなくても同じです。だって、定義により、他人に関係ないんですから。

どうしてそんな当たり前の常識が通らないんだろう。私は逆にそう思います。心に個性があるなんて思ってるから、若い人が大変な労力を使うわけです。自分が人とは違う、個性がある、そういうことを証明しようとする。ムダなことですな。だいたい人と違ってたら、本なんて売れないでしょ。みんなにわかるから売れる。

身体は個性だっていうのは、イチローとか高橋尚子を見れば、すぐわかるじゃないですか。真似しろといっても、ああはできないから。

数学の問題だったら、先生に解き方を教わって、いったん解き方を覚えたら、できちゃいます。そのどこに個性がありますか。正解はいつも「同じ」じゃないですか。

都市社会で個性が認められないワケ

若い人が個性にこだわるのは、自分が社会的に生きていくときに、価値を認められてない、という気持ちがあるからでしょう。自分は個性のある、特別な存在なんだから、価値があるじゃないか、といいたいのではないですか。ゴッホの絵みたいなものです。これは世界に一枚しかない、と。

じつは自然のものを見れば、すべては世界に一つだけです。それを「かけがえがない」というのです。ロールス・ロイスだったら、何台かありますな。壊れたら、作り直せばいい。でも、あなたはそういかないのです。「かけがえがない」んですから。

それを社会がなんとなく認めていない。若者がそう思うのは、その通りだからです。もういいました。個性は身体でしょ、身体は自然でしょ、都市社会は意識の社会で、そこには自然は「ない」でしょ。だから個性尊重という嘘をつく。というより、嘘にならざるを得ないんですよ。都市社会は意識の世界、「同じ、同じ」を繰り返す世界です。そこで「違う」個性が認められるはずがない。

学校も社会のうちですから、もちろん社会の常識で動きます。その社会は都市社会、意識の世界です。そこではだから、身体という個性は、本当は評価されません。身体は自然ですから、むしろそんなものは「ないほうがいい」んです。だから運動会をすれば、全員が一等賞になるんです。それをやる先生方は、まったく違う理由をいうでしょう。でも自分が考えている理由と、真の理由が違っていることは、人間にはいくらでもあります。

足の速い子、遅い子がいるんだから、これはしょうがない。寿命の長い、短い、糖尿病になる、ならない、これも同じです。遺伝子が決めてますから。お前は足が速いから、徒競走をやれ。それを認めるところから、個性が始まります。ところが現実の教育は、全員が同じ速さで走れという。無理無体をいっているわけです。どうしてそうなるのか、それを主張している本人も理解できてないでしょうな。

他方では、それぞれ個性的になれっていう。都市は意識の世界、心の世界ですから、それなら心の個性にするしかない。だから頭がいいと称して、それを個性だと思ってる。頭がいいとは、どういうことでしょうか。百桁の数字をその場で覚えたという、有名な人がいます。この人は、そういうことを覚える以外に、なにもしない人生を送りました。

日本の古典芸能を習ったら、個性がよくわかります。なぜなら、師匠のする通りにしろといわれるからです。茶道だって、剣道だって、同じでしょうが。謡《うたい》を習うなら、師匠と同じように、何年も「うなる」わけです。同じようにしろという教育をすると、封建的だとかいわれましたから、こういう教育はずいぶん廃《すた》れたと思います。

でも十年、二十年、師匠と同じようにやって、どうしても同じようにはなれないとわかる、それが師匠の個性であり、本人の個性じゃないんですか。そこに至ったときに、はじめて弟子と師匠の個性、違いがわかるわけです。「違いがわかる男」って、コマーシャルがあったじゃないですか。あれはかならず中年ですな。若者じゃダメです。そこまでやらなきゃ、個性なんてわからないでしょ。他人が真似すりゃできるかもしれないことなんか、個性なんていえませんからね。

身体を作るのは、遺伝子の作業です。その遺伝子の組み合わせは、一人一人違います。それが個性なのです。だから画一化しようったって、身体については、クローンを作る以外に、画一化はできません。それが個性です。だから個性の存在については、安心していいんです。クローンを作ろうってのは、だれか。考えてみてください。脳でしょ、意識でしょ、つまり体じゃないでしょ。意識は体も「同じ」じゃないと、気に入らないんでしょうな、きっと。だからクローン作ろう、っていうわけです。

その意味で、人間は個性を持つと定義していいのです。脳も身体のうちですから、お前と俺の脳みそは違う、それは認めていいんです。認めるよりなにより、それで当たり前なんです。その違いは小さな違いでしょ。その違いを克服して、両方の話が通じる、それが脳つまり心については、大事なことでしょ。

人間の脳はわかり合うという共有化に向かう

根本的に人間の脳は、共有化に向かって進化してきた。私はそう思っています。だから古典を読んでも、昔の人のいうことすらわかるんです。なぜなら、大脳の新皮質は、いうなればはじめは空《から》なんです。でも日本に生まれるなら、日本語がすでに入っていたら、便利じゃないですか。ソフトが入ったコンピュータですから。ところが、そうはしてないんです。どこに生まれるか、わからないからら。そのかわり、日本に生まれたら日本語が入るようになってます。だから空にしてある。

いったん日本語が入ると、英語だのフランス語だのは、なかなか入りませんな。共有の必要がなかったからでしょう。言葉は一つ使えたら、それで十分だ。遺伝子はそう思っているようです。その空の部分に、文化も伝統も入っていきます。それが躾であり、教育でしょう。

心の共有を拒否するのは、心が狭い態度です。だから私は、じつは知的所有権という言葉が嫌いなんです。メンデルの法則に「所有権」なんかないでしょうが。日本語の知的所有権は、だれにありますか。天皇陛下ですか。

個性は身体にまかせて、はじめから与えられてるんだよと、安心すれば、人を理解しようとすることが、ごく当然になってくるでしょう。人はそれぞれ違うのが当然なんで、せめて通じるのは、脳みそのはたらきなんだから。私が腹いっぱいだって、あなたは空腹かもしれないんですよ。それが身体です。

自然としての自分、身体としての自分が、かけがえのない、独自の存在だということがわかりきっていれば、つまりそこに個性の源を置けば、あとはおたがいにわかり合うほうが大切だという、次の話になります。おたがいにわかり合うことが、世間ではいちばん大切だっていうことは、おそらく日本人みんなが根本に持っている思いじゃないでしょうか。

じゃあ、教育の根本を、なぜそこに置かないんですか。

なぜ若者の社会的価値がなくなったのか

そういうわけで、自分探しに意味はありません。その答えは、まさに『青い鳥』じゃないですか。幸福を探しに遠いところまで行って、最後にたどり着いたのは、出発点である自分の家だった、というわけです。現にここにいるこの自分、それがいつでも自分なんです。

ただしそれはひたすら変化する。どう変わるかなんて、そんなこと訊かれたって、わかりません。だから人生は面白いんでしょうが。自分探しが生じたのは、間違った前提の上で考えたら、間違った問題が出たという典型です。問題が間違っているから、答えがありません。

別な意味ですが、自分を探すというのは、ほとんど青年期に特有だと思います。すでに述べたように、青年は社会的にまだ位置が定まっていません。本当はそれを探すわけでしょう。それならなにも現代だけではなくて、昔もあったはずです。

若者の社会的価値、これは若者にとって、とても重要な問題なのは確かです。しかし、現代の社会では、若者の社会的価値がまじめに認められていないんです。

いちばんのもとには、すでに述べた、自然はそれ自体では価値がないという、都市の論理があります。青年は子どもから大人に変わる途中です。自然としてはもともと価値がないし、そうかといって、社会的地位もまだありません。成人式の根本の意味は、若者が社会の一員になる、それを社会自身が認めるということだったはずです。そこで最初の第一歩ができます。社会的地位の基礎です。

そんな機能は、成人式には実質としてもうありません。そこが江戸時代の元服と違うところです。大学生なら二十歳はまだ二年目で、まったくの中途半端です。大学生のことを考えるなら、卒業式を成人式にしたほうが、よほど実情に合います。

六〇年代から、大学の大衆化がいわれるようになりました。それまでは大学に行くのはエリートだった。人口割りにしても、ヨーロッパなら、大学生は同年代の一割ほどだったといわれます。ところが学生がどんどん増えた。それとともに、世界同時多発的に、大学紛争が起こります。その理由を、私は都市化だと思っています。世界中が都市化したのです。さらに都市化ができた理由ですが、それは安価な石油エネルギーの供給が生じたからです。車も飛行機も、発電も、石油に依存しました。

そもそも都市はエネルギーを消費します。それはだれでもわかるはずです。古代都市はそのエネルギーを木材に依存しました。使えるものは、薪《まき》しかなかったんです。だから近所の森を使い尽くすと、滅びたわけです。

歴史的にはいちばん最後に起こった都市化、つまりいちばん最近に起こった都市化は、西欧の都市化です。それをルネッサンスというのだと思います。それより前はギリシャとローマ、つまりヘレニズム時代が西欧都市化の典型です。それと同じ都市化ですから、ルネッサンスは文芸「復興」といわれるわけでしょう。ヘレニズム時代の都市化を背負ったのは、ギリシャ人であり、ローマ人です。しかしルネッサンス以降の都市化を担ったのはゲルマン人です。

ゲルマンの都市化は、同じようにエネルギー問題に突き当たります。それがまず明白に出たのが島国であるイギリスです。ロンドンの冬に、燃やす薪がもうない。そこで石炭を使います。たまたまイギリスは、良質の石炭を産出したからです。しかし露天掘りで石炭を掘ると、井戸掘りと同じで、水がたまってしまいます。そこでポンプで水をかい出すわけですが、人力や馬の力ではとうてい不十分です。

そこに登場したのが蒸気機関です。これが産業革命の始まりです。そのあとに石油が見つかって、あとは一瀉千里《いっしゃせんり》、世界中の都市化です。それがいま生じていることです。だからエネルギー問題なのです。

近代の都市化の歴史を、ずいぶん乱暴に縮めてしまいましたが、まあこんなところでしょう。そこで私たちの生活がガラッと変わります。いろんなことを機械がしてくれるようになりましたから、人間が暇になります。それが合理化です。

若者の取り柄はなにより元気なこと、体力ですが、それを機械が肩代わりしてくれました。だから若者が暇になります。そこで大学に行くようになるわけです。そのほうが将来、偉くなれると考えるからです。「大学に行ったほうが、偉くなれる」。「ああすれば、こうなる」じゃないですか。本当にそうかどうか、わかりませんよ。松下幸之助とか、本田宗一郎とか、田中角栄が生きていたのは、つい最近ですからね。

若者に城を明け渡さない大人

産業革命のすぐあとは、余った若者は戦争に出ました。だから第一次、第二次世界大戦だったのだろうと、いまでは私はそう思っています。させる仕事がないから、戦争で殺しちゃうわけです。戦争は年寄りにはできません。老兵は役に立たないからです。

六〇年代に、戦争ももうこりごりということになると、若者の行く先は大学になりました。だから大学生がどんどん増えた。それまではヨーロッパでも十六歳くらいで就職です。でも社会は急には仕事を用意できません。大学に行って、仕事に就く順番待ちをしなさいということになったようです。

大衆化した大学の機能は、産業予備軍として、若者を大学に一時保留しておくということだったといわれます。若い人がどっとそこで就職しちゃうと、仕事に困る。だから大学に溜めておくんです。それで若者は大学で遊んでることになった。それが大学紛争の原因だという人もあります。それだけの人数の若者が暇になったのは、有史以来はじめてだったからだというのです。

考えてみれば、だからもっぱら大人の都合でしょう。若者に城を明け渡さないんです。さっさと若者に任せればいいことを、相変わらず年寄りがやってますな。とくに日本の世間は極端です。私のように六十歳を超えた教授なんか、もう定年で当然です。とうにそう思ってましたから、東大も早く辞めました。若い人の邪魔はしたくない。

それでも年寄りが頑張って、先行き暗いなんて、日本中で思ってます。そりゃ、暗いに決まってます。年寄りは、あとはお墓に入るだけです。墓穴は真っ暗ですからな。大切なことを、そういう人に任せてるんですから。

第6章

人間が幸福にならない脳化社会

意識的世界の限界

戦後日本は変化しすぎた

世代論を嫌う人がたくさんいるのは知ってます。私の恩師も、人間は同じだよと、よくいわれました。それはわかっていますが、私がいいたいのは、日本の社会は変化が激しすぎたということです。だからどういう年齢で、どういう環境を経験したか、それが生まれた年代で違ってきます。それが世代のズレになるのだと、説明したはずです。

私が子どもだったときと、私の母親が子どもだったとき、考えてみると、その間に本質的な差がないんです。テレビがないし、物を運ぶのは牛馬だし、農業中心だし、ふつうの人は家業を継いで働いてました。

それが急速に変わったのは、ここ半世紀でしょう。どの家にも車が入って、テレビが入って、なにごとであれ自動化されて、日常生活もすっかり変わりました。

子どもの頃の生活が似たようなものだという点では、母親と私は話が通じました。ところが、母から見れば孫の世代、つまり私の子どもの世代、子どもの生活がまったく違います。子ども時代にテレビを見て育つ環境は、私の子どもの世代からです。

明治維新にせよ、終戦にせよ、それまでの変化は政治的でした。つまり上から起こったわけです。庶民の生活が根底から変化したわけではありません。ところがここ五十年の変化は、まさしく生活の変化です。たとえば戦前から戦後しばらくの間まで、いい家というのは、家に洋間が一つあって、あとは畳の部屋でした。

現在の家なら、たいてい畳の部屋が一つあって、あとは洋間です。和洋が逆転したことになります。日本の家は、日本間一つにして、残りは洋間にしようという法律を作ったわけではないでしょう。でも、だれかがそうしたわけです。あるいは、みんながそれがいいと思ったのです。バカボン流にいえば、青島幸男が国会でそう決めたのか、ということになります。そうではないでしょう。

そういう変化って、結局は私の知らないところで起きたと、私は思っています。私からすれば、勝手に世の中が動いたとしかいいようがない。

皆さんが投票したとき、たとえば自民党に投票しようと思ったとき、自分の生活がこういうふうに変わってくるということを、考えて投票したんでしょうか。そうじゃないとすれば、この変化はいったい、だれがどういうふうにして起こしたんでしょう。

そうした変化をまとめてみると、おそらく都市化だというのが、私の考えです。それが明治以来の日本人の暗黙の了解だった。それが和室を一つにしたのです。和室をたくさん作るのは、経済的に折り合わないなどと、建築関係の人はいうでしょうね。たぶん本当はそうじゃない。畳の部屋は昔からあります。それはモダンじゃないんです。つまり田舎と同じでしょ。それを嫌っただけじゃないんですか。

それはそれでいい。でも、そういう生活の中で、子どもはどう育つんだろうという疑問を、だれかが感じたはずです。それは表に出なかったんでしょうね。畳の上での立ち居振る舞いをしてきた親が、机の前で椅子に座っている子どもに、どう立ち居振る舞いを教えるのでしょうか。私だって、子どもにそんなこと、教えてません。私も教わらなかったからです。教えようがないんですよ。

意識で説明できないものは間違っているという間違い

こうしたほうが、合理的です。そのほうが、安くていいものが手に入ります。日本社会はそうして変わってきたわけです。それが食料品のことだとすれば、じゃあそういう食料品は、お腹の中の子どもに影響はないのでしょうか。その答えは、正直にいうなら、調べてみなければわかりません、でしょう。

では現実には、どちらが先に起こるでしょうか。いまでは農業を変えちゃうほうが先に決まってますな。その結果として、公害その他、社会がこうなってるんでしょ。

子どもに対する影響を問題にすると、具体的な根拠がないっていわれます。科学的根拠を出しなさい、と。サリドマイド・ベビーが生じたとき、製薬会社は主張しました。サリドマイドと奇形発生について、科学的因果関係は証明できてません、って。

それはその通りです。だって、ふつうの子どもがどうして五本指になるか、その理屈がまだわかりません。ふつうの子どもが五本指になる理屈がわからないのに、サリドマイドを投与したら、なぜ手足が縮むかという説明ができるわけないじゃないですか。手足がふつうに伸びる理由だって、「科学的」にはもちろん不明なんだから。

意識的世界ってそういうものでしょ。つまり意識で説明できなければ、できないほうが遅れているとか、間違っているという常識を、社会が採用してきたわけです。でもその意識がすべてを知っているわけではない。意識って、専門家みたいなものです。むずかしい問題が発生すると、専門家に話を聞きます。それなら専門家はすべてを知っているかというと、そうじゃありませんね。

起こらなかったことは評価されない——情報化社会の問題点

情報化社会には、同じように気づかれない重要な問題があります。そこでは、予防されたことは情報化されない、報道されないということです。

大学で私が一生懸命なにか努力したとして、その結果、学生がオウム事件のような、おかしなことを起こさなかったとします。それでは事件になりませんから、報道になりません。だから予防医学は儲からないのです。病気をあらかじめ防いでしまったら、ふつうはお金を払ってくれません。評価もされません。だから予防は無償の行為なんですな。

歴史もそうです。起こった事件を書いていけば、歴史らしくなります。でも日常生活はなにかが「起こらないため」の努力で埋められています。ふだんの生活を考えたら、わかるじゃないですか。自分の車について、いろいろ手入れをします。なぜなら事故を起こさないように。それで事故が起こらなかったら、当たり前です。ニュースにはなりません。

そう思えば、歴史は事件の連続ではありません。事件のなかったこととの継続です。どういう事件か。人類が滅びるような事件です。そういう事件があったら、歴史もなくなってますからな。人類がいないんですから。

教育も同じことです。そこで重要なことは、なにか不祥事が「起こらない」ということじゃないですか。同時に、意識のおかしさは、そこにあります。なにか悪いことが「起こらない」ように日夜努力しているのに、起こったことが好きなんだから。だからニュースを見るわけでしょ。

教育の世界では、なにかが「起こらない」ことが、日常の努力目標になったように見えます。無事是好日。「育つ」のが「変わる」ことだとしたら、これは困ったことです。しかし教師が余計な手を加えなくても、子どもは育つように育つ。そう信じているなら、それでいいのかもしれません。

政治では、無為が嫌われます。教育の幸福なところは、自然としての子どもが、勝手に自分で育つことです。それが無為無策な教師の言い訳になります。でも大道廃《すた》れて仁義ありであるなら、それでいいともいえるわけです。自由な教育とは、じつはそのことでしょう。

科学ですべてが予測できるという思い込み

社会の先端を行くと思われている科学が、変わってきました。まず第一に、カオスが発見されてしまいました。論理的で答えまで全部わかるんだけど、現実が実際にどこに行くのか、その予測できないというシステムが見つかったのです。

カオスでは、初期条件のわずかな違いが、結果に根本的に影響します。そのために、論理では完全にわかってるのに、予測がつかない世界があるということになりました。それがまず科学に起こった大変化です。予測できないということが、論理的に予測できるという、変なことがわかったわけです。

しかもそのカオスは、さまざまなところで見つかります。脳みそにもカオスが見つかっています。それなら科学ですべてが予測できると思うのは、すでに誤りでしょう。でもなんとなく、まだそう思っている人が多いんじゃないんですか。「ああすれば、こうなる」、それは都市化の論理だといいました。それはすでに科学の世界でも、かならずしも成り立たないことがわかったわけです。でも無意識を評価するのは困難です。無意識はいわば白紙ですからね。白紙の答案を採点しろといっても、それは無理です。だから紙の上に出たものしか扱わない官庁では、そういう話は当然、通りませんな。

だからといって、私は悲観しているわけでもありません。だれでもわかることは、いずれわかるはずだからです。ときにそうでないように見えるのは、できあがった社会システムがすでにあるからです。官庁もそうだし、学界もそうでしよ。それを崩したほうがいいかというなら、私には大学紛争の体験があります。崩すエネルギーと、作り直すエネルギー、両方を加えるより、ゆっくり作り直すだけのほうを私は選びます。それは理屈ではなく体験、つまりどちらかというなら、無意識の教えです。

教育のついのなれの果てとしての学界、そこでも情報化はとことん進展しています。むしろそういう世界にいたから、私はこういうことを考えるようになったのです。

いくら科学を進めても人間がハッピーにならない理由

医学・生物学で偉くなった人を考えてみましょう。現代社会では、全員が論文をたくさん書いた人なんです。論文を書かなきゃ、いまは学者じゃないんだから。

論文とはなんだといったら、情報です。医学や生物学では、生きものを情報化したものです。だからメンデルはとうの昔に死んじゃってますが、メンデルの論文は皆さんでも読めます。論文は情報だから、本人の有無にかかわらず、いまだに残っているわけです。

それがどうした。つまり現代の偉い先生たちは、全員が論文を書く専門家なのです。生きものを情報に変換する専門家です。では論文をたくさん集めたら、生きものになりますか。どうやっても、なりませんな。

つまり十九世紀から二十世紀にかけて、学問が徹底的にやったことは、生きているシステムを情報に変えることだったんです。できるだけ上手に、生きものを情報に変えた人が偉い人なんです。

しかし論文はあくまでも情報であって、生きものじゃありません。

私が最初に解剖を始めてから、四十年以上経ちます。僕が始めた当時、「解剖をやります」っていうと、「いまさらそんなことやって、なにがわかるの。分子生物学でもやりなさい」というのが、素人でも気の利いた人の台詞だったんです。それを押して、解剖を専門にしていると、同僚の学者の卵連中から、なにをいわれたか。解剖学で扱うのは死体ですからね。「なあお前、スルメ見てイカがわかるか」。そう意地悪をいわれたんです。

いまになると、冗談じゃねえって、啖呵を切り返したくなる。でも四十年も後知恵ではどうにもなりません。私の頭の動きは、蛍光灯どころじゃありませんな。

いまならいえます。「お前らこそ、生きものを論文というスルメにしてる、スルメ作りの専門家じゃねえか」。「じゃあ、お前はなんだ」。相手もそう切り返してきます。「俺はスルメをサキイカにしてただけじゃないか。どっちが正直だと思ってるんだ」、と。

イカをもっぱらスルメにしておいて、生きものがどんどんわかってきましたって嘘つく奴と、スルメをサキイカにしている奴の話し合いです。学者なんて、まあそんなもんじゃないんですか。

いくら科学を進めても、人間がハッピーにならないのは、根本はそこにあるんです。だってあなたが論文になったってしょうがないんだから。いくら俺が立派な論文になったって、俺はいずれ死ぬんだよっていう話でしょ。そこをなんとかしてくれるのが、医学のはずじゃないの。とまあ、こういう話です。

生きものを生かすようにするのが「システム論」

だから二十一世紀の科学は、それとは逆の方向へ向くだろうと、私は期待しています。逆の方向というのは、そういう固定したもの、止まったものを集めて、生きたものが作れるかという話です。生きたものをどうやって作るか、どうやって上手にイカを泳がせるかという話です。それがシステム論なんです。

生きものは、おびただしい種類の要素が複雑に組み合わさっているのに、上手に生きて動いています。つまりシステムというものの典型なのです。社会のシステムは、知らず知らずに、それを真似して作られています。世の中は生きもののように動いているなんて、ときどきいうじゃないですか。

日本経済がうまく動かない、政治がうまくいかない、それはシステムがうまく動いてないということです。そこへいまの学者を注ぎ込んでもダメだという理由は、もういいました。そうなっている状況を論文にする、つまり情報化するのは得意です。これは間違いなく死にそうです、なんて論文を書いている。だけど、死にそうになっているイカをどうやって生き返らせるか、上手に泳がせるか、それはやったことがない。それをしようと思うなら、考える向きを反対にしなきゃなりません。論文を書くのとは、正反対の向きを向かなきゃならないんです。「逆さメガネ」が必要なんです。

脳からの出力が大切

学問がこういうことになったのは、じつは新しい問題じゃありません。江戸時代の学者もそうだったんです。江戸の官学は朱子学でした。朱子学の先生は、座って本を読んで、孔子様がなにをいったか、それを講釈しています。それに対して陽明学が起こります。その主張は知行合一です。それはもういいました。でも大切だから、繰り返します。

知ることとは、脳に向かって情報が流れて入ってくることです。行うというのは、要するに運動です。つまり脳から出ていくほうです。ネ、向きが反対じゃないですか。それを一緒くたにしろというのは、無理な話じゃないの。

もちろん、いくら昔の人だからって、そんな無理を要求しているわけじゃありません。これまでは脳に入る一方だったんだから、今度は脳から出してごらんなさいよ、という話なんです。でも出す一方では脳が空になります。だから入るほう、出すほう、「合一」しなきゃダメなんだという話です。でも出入りは、向きが違うよ、どうしたって一緒にはならないじゃないか。そう反論されそうです。

脳を理解すれば、じつはこの話はよくわかるんです。出るにしても、入るにしても、脳には外があるわけじゃないですか。それを環境といいます。脳は環境からの入力を受け、運動を通じて、今度は環境へはたらきかけるのです。環境というと、いまでは自然環境だとつい思ってしまいます。そうじゃありません。脳を取り巻く環境は、都市ではおもに他の人間なんです。つまり社会も自然も、脳を取り巻く環境なのです。

脳への入力を総合して、計算した結果、今度は脳が筋肉を通して環境にはたらきかけます。そうすると環境が変化します。たとえば、目の前にいる相手が、私の気にさわることをいったとします。それは私の脳への入力です。その結果、私の手が動いて、相手を殴ったとします。これは私の脳からの出力です。私が殴った結果、相手が殴り返してきます。私は痛い思いをします。なにをいってんだ、お前は。いいたいことは、出力はかならず外の環境を変えてしまうということです。そこがきわめて大切です。出力は入力の変化をかならず引き起こすのです。一歩歩けば、その分だけ、景色が変わるじゃないですか。歩くのは出力で、景色は入力です。私が殴れば、相手は怒る、怒って殴り返す、だから私は痛い、ということです。変化した環境は、私を痛い目にあわせます。

つまりそこには、また新たな入力が発生したわけです。その入力は、殴るという私の出力から生じたのです。その結果の「痛い」という入力に対して、また私が別な出力を出す。というふうに、入出力は次々に「循環」します。入出力が一つの輪になり、その輪が次の輪を作るというふうに、いわばラセン状にものごとが進行するのです。ラセンの縦軸は時間です。一つの輪と、次の輪の間には、時間が経過しますから。

こういうラセンの輪の繰り返し、その中で脳は、できるだけどの輪にも共通するような法則だけを見つけようとします。その共通法則だけが脳の中に世界の規則として定着します。それが体験してものを覚えるということなんです。だから学習は反復だといったでしょ。

「じゃあ、どうしたらいいんですか」とすぐ訊く人々

こう考えて、またまたわかります。これこそが、昔の人が文武両道といったことの、真の意味ではないか、と。文とは脳に入ってくる入力です。武は脳から出ていく出力。両方がちゃんと循環することが大切なんだよ、と。

思えば、人間とは次々に誤解を重ねるものですな。文は座敷に座って本を読むこと、武は道場で竹刀を振り回すこと、その二つは全然違うことだから、昔の人は両方やれといったんだな。それがふつうの理解でしょう。そう思ったところで、昔の話ですから、いまさらどうだっていいわけですか。

それは違いますな。そんなふうに思うから、人間はあとになるほど、時代が下がるほど利口になると思っちゃう。わかってないのは、昔の人ではなくて、いまのわれわれじゃないんですか。

こうして大人も反復学習を繰り返して、だんだん脳みそにソフトができてくる

わけです。だから勉強には辛抱がいるんですよ、いずれにしても。いまの人は気が短いんですな。その辛抱がない。だからすぐに「じゃあ、どうしたらいいんですか」と訊く。この質問自体が「ああすれば、こうなる」じゃないですか。それがいけないんだよと、こういう話をしても、最後に質問ありませんかというと、「じゃあ、どうしたらいいんですか」と訊きやがる。こういうのを「病膏肓《やまいこうこう》に入る」というんです。どのボタンを押せばいいんだ。そういう人は、それを訊いているわけでしょ。ボタンを押して教育ができるんなら、もうやってますわ。

問題はすべて外にあるという誤解

だから科学の将来は、システムの理解にあるといってるんです。これは複雑怪奇で、なかなかわかりませんわ。だからといって、まったく五里霧中というわけでもない。要するに相手は生きものなんですから。それなら本質的には自分と「同じ」じゃないですか。人間を理解するということは、つまり人間というシステムを理解するということです。それが理解できた分だけ、世界に対する理解が進む。だって、その世界なるものを見ているのは、人間なんですから。

これまでの科学は、外の世界は人間の外にあると、仮定してきました。それを客観的というわけです。でもそう仮定してきたから、いろいろ面倒なことが起こる。なぜなら、科学が進むとは、外の世界の理解が進んだことだと思い込むからです。だから科学技術で、環境を操作しようとする。そうなると、なんだかうまくいかないのです。公害が起こる、環境破壊が起こる、子どもがいなくなる、教育がおかしい。

そうじゃないでしょ。外の問題じゃない。あんたの問題でしょうが。

これは家庭でもよく起こりますな。女房のせい、亭主のせいにする。傍《はた》から見ると、そうじゃない、お前のせいだろうが。

西欧風の科学の問題は、私の見るところでは、ここにありました。物理学の例はすでに述べた通りです。万有引力の法則は宇宙全体にある。それはそれでいいんです。でも人間がなぜそれを理解できるんですか。その反省がない。

脳からみれば、それは当然です。だって、引力の法則の中で、三十億年、生きてきてるんですからな、生物は。引力の法則を無視する脳がかつてあったとしても、当然のことながら、もう滅びてますな。それなら脳の中に、引力の法則がなにかの形で当然入っているはずです。だから人間は引力を「理解できる」。なにしろ背骨ができてから五億年、重力場の中で動き続けてきたんですから、重力に関する法則が脳に入ってないはずがない。てめえの脳の中に、なにかの形で入っている。それだけのことでしょうが。でもそれは「脳に入る」形でしかないはずです。われわれの世界への理解は、基本的にはそこまでに止まるはずです。

脳が大きくなったら、それ以上のことが理解できるんじゃないか。そんなことは、私は知りません。いまだって、自分がどこまでわかっているのか、わからないんですから。でもそういうふうに考えていくなら、未来はまだまだ夢に満ちてますな。

そう思ってないとすれば、ただいま現在の自分の脳を固定しているからです。そこに空白がある、アメリカでいえば、西部がじつはまだあると、信じられないんですな。だから私は「意識のみ」の世界を、ひたすら批判してきたのです。自分の身体のことすら「理解」してないのに、世界がわかるわけがないじゃないか。それは悲観論じゃありません。逆です。人間はまさに小宇宙なんですよ。宇宙が全部、その中に入っているんですから。

宇宙みたいにでかいものが、人間の中に入るわけがないだろうが。そうじゃありません。入ろうが、入るまいが、宇宙を認識しているのは、人間なんです。人間がいなくなれば、人間が認識している宇宙もない。宇宙があろうがなかろうが、どうだってよくなるじゃないですか。

それなら根本は人間でしょうが。その人間がどんなものか、その理解がまず最初でしょ。そういっているだけです。その人間はシステムなんですよ。繰り返しますが、情報じゃありません。それを情報だと勝手に思い込んでいるのが、現代人なんです。それを近代合理主義思想なんて呼んでる。

そういう意味では、アメリカ人にはその種の思想の悪いところが典型的に出てますな。本人たちはそう思ってないでしょうが。だからアメリカで話をしようと思うと、苦労しますな。説明が面倒くさい。しかも英語ですからな。

第7章

ふつうの人が幸福に暮らせる社会

共同体を生きる

就職するということ――「うちの会社」という共同体

いまの社会では、大人になることって、まずは就職することから始まります。できれば官庁や大会社という大組織に就職したらいい。それが世間の常識じゃないでしょうか。そんなこと、はじめからあきらめている人もいるでしょうけど。組織に入るというのは、ここ五十年で常識になってきました。それ以前を考えたら、話が違うとわかります。私の父親は三菱商事に勤めるサラリーマンでした。それはいまなら不思議ではないでしょう。でも昭和十年前後のことです。当時としては珍しい。

その頃、日本社会のサラリーマン人口は一割くらいでした。それを月給取りといったわけです。いまではその月給取りが、就労人口の八割近いんじゃないですか。昭和の年代とサラリーマンの割合は、数字としてほぼ並行すると聞きました。昭和十年代なら一割、四十年代なら四割というわけです。逆に農民でしたら、私の父親の時代は、五割を超えてました。いまじゃあ、農民なんて、一割に足りません。月給取りと農民の比率が逆転したわけです。

家業を継ぐ人がすっかり減りました。そもそも成り立たなくなった家業が多いですからね。農家や漁師、手工業、個人商店、この種の家業はおおかたダメです。家業で残っているのは医者とか政治家、いわゆる高級な職業か、ごく特殊な業種です。茶道の家元なんかもそうでしょう。生き残っている家業も、もちろんあります。クラス会で元気のいい奴はだれかといえば、故郷に帰って家業を継いだ人間だといいます。継ぐ家業があれば、ふつうの人間は幸せなんですな。

サラリーマンというのは都会人です。たいてい自分のルーツから切り離されて、別な世界で仕事をしていきます。それを可能にしてくれるのが、会社とか官庁という組織です。そういう組織が、だから「うち」になります。「うちの会社」というじゃないですか。それは、堅い言葉でいうと、自分は会社という共同体に属しているということです。

都会は村落共同体じゃありません。いつもいうように、隣はなにをする人ぞ、です。これじゃあ、じつは心配でやっていけませんから、どこぞの村に交ぜてもらう。そういうことになります。だからそれが「うちの会社」になるわけ。「うちの村」というのと同じです。それで終身雇用、丸抱えだったわけでしょ。ところが会社が現に潰《つぶ》れはじめている。潰れなくても、リストラばやりです。そういうときに会社が欲しい社員というのは、自分の力で働いてくれる人でしょ。自分で仕事を創り出して、稼いでくれる人。ジョン・F・ケネディがカッコよくいったように、国が自分になにをしてくれるかではない、自分が国に対してどう貢献できるかだ。会社だって同じでしょうが。つまりは組織ですからな。でもそれができる人なら、だれが会社なんかに勤めるか、と思うんじゃないんですか。自分一人でやったほうが儲かる。働かない奴の分まで働いて、その給料まで払う必要がありませんからね。そういう考えを防いでいたのが、共同体でしょ。自分だけ稼いだって、仲間がみんな貧乏だったら、稼いだ金を分けるしかないんですから。人間は一人で生きてるわけじゃありませんからね。そもそも最低限、家族には稼ぎを分けるでしょうが。

家族は最小の共同体です。人間の集団というシステム、つまり社会を上手に動かそうとすると、まずは共同体になるわけです。金だけ分配したって、問題だらけになるに決まってますからな。仲間である以上はこうだと、いろいろ暗黙のルールを決める。それが世間の掟です。これはシステムの合理性を、経験的に記録したものなんだろうと思います。

いままでが特別だって、よくいいますな。いい大学を出て、大企業に就職したら、一生ある意味で楽ができる。それができたのは、右肩上がり、要するに社会に空白がまだあって、アメリカでいえば、未開拓の土地が残っていて、そこに行けば食えるという、西部があったようなものです。

ところが、その西部がもうない。そうなると、自分にはいったいなにができるか、それがまず問題になります。そんなことといわれたって、ほとんどの人はふつうの人ですよ。ふつうだってことは、ふつうのことならできるが、特別なことはできない。中田みたいにサッカーはできないし、高橋尚子みたいにマラソンで走れない。そういう人はどうしたらいいんですか。きちんと共同体を作るしかない。

共同体における学歴とは

教育でいうなら、優等生はいいんですよ。勉強ができるなら、自分の能力でなんとかするでしょうよ。できないから、先生が苦労するんじゃないですか。苦労してなんとか教える。私だって教師歴だけは長いから、覚えている学生は大勢います。それがなんと、箸にも棒にもかからなかった学生ばかり。当たり前でしょうが、それだけ手数をかけてるんだから、覚えているに決まってます。優等生なんか、覚えてやしません。さっさと実習を済ませて、試験に通って、一人前になって、こちらに手をかけさせませんからな。そういう学生は忘れちゃう。というより、そもそも記憶に残らない。

そう思うと、教育は共同体型だとわかります。どういうことか。教師の仕事は優秀な学生を教えることだとするなら、教師は楽です。東大にいるとき、よくよその大学の先生にいわれました。東大はいいですな、学生が秀才だから。教えるのが楽でしょうというわけです。そんなことはわかりません。秀才ばかりなら、信じられないんですよ、これが。その中でできないのは目立ちます。特別できないんですよ、これが。信じられないでしょうが。東大の医学部に入れるくらい変わってるんですから、その中で「できない」ってのは、変わりようがとうていふつうじゃない。それをなんとかしようというのは、容易じゃありませんでしたな。オウムの学生の例を挙げたじゃないですか。

それなら追い出しちまえ。若い人は簡単にそういいます。つまりリストラですな。そうはいきません。共同体はいったんメンバーになった人を追い出さないことで成立しています。それでなけりゃ、メンバーが安心できないじゃないですか。だから日本は学歴なんでしょ。

私は六十五歳ですよ。それでも講演のときに、昭和三十七年、東京大学医学部卒業なんて紹介されてます。四十年も前のことなんか、いい加減に忘れてくれよ。こちらはそう思いますが、そうはいかない。なぜですか。日本の共同体は、いったん所属したら「死ぬまで出られない」、足が洗えないんですからね。そんなこと、だれだって心得ているでしょうが。そのかわり、いったんメンバーになれば、ある意味で一生面倒をみる。会社なら「飼い殺し」です。それならともかく死ぬまで仲間ですから、たがいに信用するしかない。

この信用が大きいんですな。紛争のところでいいましたが、社会的コストを下げて、仕事の能率を上げるためには、おたがいに信用するのがいちばん手っ取り早い。そんなことは、日本人ははじめから知ってます。

だから逆に、それが壊れると、ものすごく面倒なことになる。「紛争」になるんですよ。揉《も》めごとを起こしたい奴は、だからそれを利用しますな。なんとか不信の構造を作らせようとする。でも共同体がちゃんとしていると、それが防げます。だって揉めごとで全員が損するんですからね。商店のおかみさんと亭主が喧嘩してたら、店の仕事がお留守になっちゃう。家族全員が損しますな。

共同体にとってデキの悪い人間も大切

共同体とは、ふつうの人が幸福に暮らせる社会のことなんです。特別な能力はないけれど、まあ食い扶持《ぶち》くらいは稼げる。それが集まって、おたがいになんとか了解し合って、まあまあで暮らす。出来のいいのもたまにはいるけど、まあボチボチだ。出来の悪いのもいるけど、いるものは仕方がない。神様が作り損なったんだから、それなりに意味があるんだろ。そう思って、みんなで面倒をみる。なんとか一人前に育てようとする。ホラ、学校じゃないですか。

そもそもいちばん出来の悪いのがいるってのは、共同体では大切なことなんですよ。どうせみんな、厳密にいえばボチボチなんだから、その中で最悪というのは、みんなのためになってるんです。その人がいなかったら、だれか別な人が最悪になるんですからね。それならいまと同じことじゃないですか。学校の成績と同じです。ビリがいなくなれば、ビリから二番目がビリになる。ビリの人は、全体に恩恵を与えているんですよ。全員に優越感を与えてくれる存在です。

出来の悪いのは追い出せといったって、追い出された先は、同じ社会のどこかです。そこでまた教育し直さなけりゃならない。もともと出来が悪いんですから、そんな負担をかけたら、本人はますます使えなくなる。それなら気心が知れた、古くからのつきあいの人たちの中に置くのがいちばんいい。むずかしくいうと、社会的コストがいちばん安くつくということです。日本全体として見るならばです。それが窓際族でしょ。

そういうやり方できたから、日本社会は発展したんでしょ。なにしろ全体としてのコストが安い。社会全体として見ると合理的なんです。個々に合理的なんじゃない。システムの合理性です。これは個々人の合理性とは違う。違うどころか、しばしば両者は相反します。

たとえば、そうなると能力のある人が不満です。仲間の倍以上、実質的には稼ぎを挙げてるのに、給料は同じ。だからアメリカ社会なんでしょ。それを能力主義なんていう。ビル・ゲイツの年収は、アメリカ国民下層四割の人たちの年収を合計した額に匹敵する。お金だけでいうなら、ビル・ゲイツの価値はアメリカ人の下層四割、ほぼ一億人に匹敵するわけです。これはなんとも異常な社会ですな。日本だったら、ビル・ゲイツの家は焼き討ち、打ち壊しです。

いま会社がリストラをするというのは、共同体だった会社を機能体に変えているわけです。それがふつうの人の幸福かというなら、違うでしょうな。ビル・ゲイツの幸福であって、四割の下層民の幸福じゃありません。それが社会の進歩なんですかね。

多様性の高い社会を作る

もっとも、いわゆる能力主義の社会がつまらない社会かといえば、それなりに面白い社会なんです。能力があろうがなかろうが、じつは面白い。それがアメリカ社会の面白さです。走ってもビリだと思えば、よそへ行けばいい。他のところへ行ったら、トップになれるかもしれない。「鶏口《けいこう》となるも牛後《ぎゅうご》となるなかれ」。鶏の頭になるほうが、牛の尻尾になるよりもマシ。

いままでは牛の尻尾のほうがいい。そういってた。だから大会社に勤める。でもそういう人生は、後から考えたら面白くない。そこは考えようです。自分にどんな能力があるか、あらかじめはわからないですからね。

だから「旅宿人」になって、あちこち渡り歩く。そのたびに出世する。それがアメリカン・ドリームでしょう。でも報道されるのは、そうやって出世した人ですけど、ほとんどは渡り歩くたびに給料が下がって、最後はホームレスでしょうな。常識で考えたら、わかるじゃないですか。

そう考えるなら、多様性の高い社会を作らなければなりません。一律ではなく、さまざまな能力が生かされる可能性が高い社会です。

じつは虫がそうなんです。タデ食う虫も好きずきという。俺はタデを食う。お前はクワを食え。それでおたがいに治まる。これはタデだのクワだの、餌の用意がいろいろないと成り立たない生き方です。みんながタデばかり食おうとしたら、共倒れです。タデしか食物がなくても、共倒れです。だから多様性が高いことが必要なんです。

都市社会はどうか。どう見ても一律ですな。そこが問題なんです。都市社会は人間の生き方の多様性を確保できるか。私はそう思いません。ロンドンだって、ニューヨークだって、東京だって、大都会はよく似てます。日本の地方都市もつくづく似通ってきました。金沢のような古い町でも、郊外に出ると、どこにいるのか、とたんにわからなくなりますからね。コンビニがあって、ファミレスがあって、パチンコ屋があって、スーパーがあって、ガソリンスタンドがあって、金沢を鹿児島だと思ったところで、ほとんど変わりゃしません。これが「進歩」なわけです。そういうところでの仕事も、ほとんどパートでしょうな。

じゃあ、どうすりゃいいんだ。またそう訊かれそうですな。だから都会も田舎も必要だと、何度も繰り返しているじゃないですか。都会だけが世界じゃない、田舎だけが世界じゃない。私の本音は参勤交代ですよ。でもそれは別の本に書きましたから、ここではいいません。

本当は会社や官庁のような組織は、機能体であるべきなんです。機能体とは、そこでの仕事はなにか、それが明確に、つまり「意識的に」、決まっている組織です。軍隊や警察は、その典型です。でも「この村を設立した目的」なんて、決まってませんからな。村なんて、なんだか知らないけど、長年のうちに、たまたま人が溜まっちゃっただけでしょうが。それが共同体です。

官庁なら、仕事で名前が決まっているじゃないですか。財務省は財務、外務省は外務、以下同様です。これは本来は共同体じゃありません。でも会社が共同体になったのと同じ事情で、日本では機能体がすぐに共同体化しちゃうんですよ。だから仲間内のことはよくよく考えるけど、仕事のほうは、しばしばつけたりになっちゃう。機能体であるはずのものが共同体になるのはよくない。しかしすべてが機能体というわけにもいきません。

共同体か、機能体か――一元論に偏ってはいけない

それなら、どうしようか。共同体、機能体の再構築でしょうな。保育園のところでも、もういいました。保育園は機能体ですが、共同体の意味も含んでいます。すべての「体」が、どちらにも使えるようにするしかないでしょうな。ここでも話は偏《かたよ》ってはいけないんです。

仕事で失敗して、あんな野郎はクビという話になったら、共同体が顔を出す。なんとか助けてやれないか。あいつにも、こういういいところがある。

仲間内で飲んでばかりいて、仕事を怠けてる。それは外から叱るしかありません。先だっての外務省ですな。なにしろ職員が税金で競走馬を買ってんですから。言い訳のしようがない。馬を買うのは、外務省じゃない、農水省の仕事でしょうが。他人の仕事を取っちゃいけません。

また昔の話になりますが、武田信玄は偉かったですな。人は石垣、人は城。共同体の理想をみごとに表現しています。会社はビルじゃないよ、というわけで

す。銀行が潰れるわけですな。どこの町でも、銀行は目抜きにたくさん店舗を持ってますからね。城と石垣ばかり。それでも信玄自身が死んだらダメになりました。甲州軍団は機能体ですが、それを支えていたのは、信玄中心の共同体でしょう。

両方立てなきゃダメだというのは、むずかしいですな。二元論は嫌われます。戦争か平和か。そう脅かすのはわかりやすいですが、戦争かもしれない、平和かもしれない、両備えを説くと、聞いている人は混乱します。いま世界の三分の二の人たちが、一神教の世界に住んでます。キリスト教、イスラム教、ユダヤ教です。この人たちは、たいてい都市なら都市一辺倒、田舎なら田舎一辺倒です。

タバコを吸うなといったら、絶対禁煙ですからな。禁煙もいいけど、ときにはみんなで吸いましょうや。そういう余裕がない。一神教でなくてある意味で成功したのは、世界で日本だけじゃないですか、いまのところ。その原因は共同体でしょ、きっと。

その特質を生かすなら、どうすればいいか、日本社会の将来は見えてますな。私自身はそう思ってます。そう書くと、具体的な解答をよこせというでしょうな。それはイヤですな。「ああすれば、こうなる」で、私の考えを実行されたらかないません。自分で考えろっていうのが、いつでも私の解答です。なにしろこれでも大学の教師を三十年以上やってます。なにが学生のためになるか、考えますわ、いくら私でも。

「都市こそ進歩」という思想を変える——脳化社会の歯止め

実行が社会を変える。それがふつうの考えです。だからグズグズいってないで、サッサと実行しろ、とこうなる。でもその挙句の果てが、テロだ、戦争だ、という騒ぎじゃないですか。

だから私はじつはそう思ってないんです。なぜなら社会は脳が作っているからです。脳は「考える」器官です。だから社会を根本で変えるのは、「考え」なんです。大げさにいうと、社会を変えるのは思想なんです。その基礎を用意するのが教育です。だから教育論なんですよ。

私は戦前生まれ、戦後育ちです。戦前から戦後の変化、それは思想の変化です。その変化がいかに巨大だったか、それは多くの人が知っているはずです。ところがそこでも変化しなかった思想は、都市化こそが進歩だという思想なんですよ。それを変えましょう。そのことを長々と述べてきたんですよ、じつは。都市でなければ、田舎だ。それが一元論です。戦争か、平和か。またそれですな。心か身体か。精神一到なにごとかならざらん。なにごとも心がけ、というわけです。こういうことは、みんなやめましょう。そういうことです。

平和論はセンチメンタリズムか

アルマゲドン、電磁波、いい加減にしてくださいよ。世の中のことが、一つで説明できたら、そりゃ楽ですよ。なにごとも、アラーの思《おぼ》し召し。ボタン一個で済みますからね。大人だったら、そんなことを考えないでくださいね。ボタン一個押したらテレビがつく。万事それで済むというのは、御伽噺《おとぎばなし》の世界です。都市とは、意識が紡ぎ出した御伽の森なんですよ。「ああすれば、こうなる」って、たわけたことを、いいなさんな。

思えば、アメリカ大統領の核ミサイル発射許可の最終指令がボタンだというのは、きわめて象徴的ですな。それが都市の思想そのものですからね。ボタン一つで世界が滅亡する可能性がある。御伽噺をそこまで突き詰めたんだから、御伽噺はもう十分でしょうが。

システムを壊すことは、簡単ですよ。人間という人工的にとうてい作れないシステム、それを壊すには、ピストルの弾一発でいいんです。人命尊重とは、そのことでしょうが。ピストルやピストルの弾は、人間一人に比較したら、単純きわまりない存在ですよ。そういうそれこそバカみたいなものに、人間というシステムを破壊する権利があるわけがないじゃないですか。

それならせめて素手で殺してくださいよ。それなら、相手が苦しむ顔が見えるでしょうが。それでもあえて殺せるというのなら、よほどの理由があるんでしょうよ。核爆弾なんて、そう思えば、とんでもないものじゃないですか。正気の沙汰とは思えない。

核爆弾の下には、子どももいるんですよ。日本に焼夷弾《しょういだん》が落ちたとき、私はその下にいる子どもでした。広島でも長崎でもなかったから、焼夷弾で済んだんです。きれいでしたな。花火なんか、ありませんでしたからね。焼夷弾は燃えながら落ちてくるんです。しかも灯火管制で、夜は真の闇です。もっとも空襲警報で起こされると、たいていはどこかの町が燃えていて、その明かりで空が明るかったですな。あの明かりの下には、だれがいたんですかね。

人間ていうのは、どうしようもないもんだと、しみじみ思いますな。こういう体験がなければ、核武装だなんて、私自身がいっているかもしれませんからな。体験したって、いう人はいるでしょうな。やられても、俺は生き延びたんだから、やっても大丈夫だよ。それもありますな。遭難しようと思って、山に登る人はいないでしょうからね。爆弾で死んじゃった人は、意見をいいませんからね。生き延びたほうが勝ちですな。

平和論はセンチメンタリズムだという人がいます。偉い人ですな。私はこれでも医者の端くれで、臨床医になれなかったのは、患者を何人殺すか、その決心がつかなかったからです。解剖なら、患者はもう死んでますからね。これ以上、死ぬ心配はない。自分のミスで患者を殺したら、一生覚えているでしょうな。若い私はそう思ったんですよ。一人でもどうかと思うのに、何人殺すか、医者の卵には、まだわからないんですからな。自分がその記憶に耐えられるか。それがわからないから、とりあえず解剖をやってた。それで一生過ぎちゃいましたな。その記憶に耐えられなけりゃ、臨床医はできません。軍人と同じですな。それがわかってやっている医者も軍人も、偉いですな。わかってるならの話ですが。

“この人のためなら”という思いが共同体を支える

つい最近、自衛隊のある司令と食事をしました。その人が最後に一つ、質問がありますという。端的にいうなら、上官は兵を死地に追いやるわけです。兵が死にますな。自分で手を下すわけじゃないけれど、兵を殺すようなものですな。その最終的根拠はなんだ、という質問です。

共同体、機能体、人間の組織の最後の問題はそれです。だれかが犠牲《ぎせい》になる。自分が納得ずくでそうなるなら、まあ仕方がない。弟橘媛《おとたちばなひめ》ですな。そんな人、知らないって。そうでしょうな。人名事典でも引いてくださいよ。

上官はそうはいかない。自分の命令ですからな。兵隊が危険なところに行くのは。「危ないから、そんなところに行くな」。それじゃあ、戦争になりません。この司令は、偉い人ですな。こういう人が上官なら、私は喜んで兵隊になります。あたしゃ、将校にはなれませんからね。間違えて患者が死ぬとイヤだから、臨床医にもなれないっていう弱虫なんだから。

だから、わかればいいんですよ。納得がいくということです。共同体のよさは、そこでしょうが。あの人たちのためなら、しょうがないか。それがじつは天皇陛下万歳でしょ。べつにそれは天皇個人じゃありませんよ。天皇は日本共同体の長ですからね。憲法では象徴なんて、わけのわからない定義をしてますけどね。日本共同体全体のため、それが天皇陛下万歳でしょうが。

でも、それを押しつけちゃいけません。戦時中は押しつけになったから、いまでも恨《うら》む人がいるんですよ。またバカがいて、押しつけるんですな、共同体の危機には。あと先のことなんか、考えてませんからね。ああいうときには、頭に血が上ってますから。

要は共同体がちゃんと機能も果たせばいいんです。それがきちんとしたシステムなんですよ。そんなことをいうと、かならず規則を作ろう、法律で規制しよう、そう思うバカが出る。法律ができてくるのは、都市なんですよ。だから中近東で、だからハムラビ法典なんじゃないですか。中近東は人類史上、はじめて都市ができたところの一つでしょうが。

しかも法律は言葉で書かれてます。村の共同体に言葉で書かれた法律がありますか。言葉は意識の産物なんですよ。それはいやというほど、説明しました。ふつうの人は役人じゃないんだから、法律で動いているわけじゃない。もっともその考え方が極端になると、中国になります。あの国は、二千年以上も前から、「法三章《ほうさんしょう》」ですからね。法律も三行以上になると、一般人民は忘れちゃう。そう思っている国ですから。世間にもいろいろな種類がありますな。

あまり一つの見方でこり固まってしまうと危険だということです。ときどき、私のように「逆さメガネ」で見る視点を持ってくださいよ。

エピローグ

男と女は平等か

人間を分割してしまうもの

放っておけば、女は元気、男はおとなしく神経質

「男女七歳にして、席を同じうせず」。昔の人は古いことをいいました。でも昔だから、古いに決まってるじゃないですか。教育を考えるとき、たとえば男と女という具体的な問題が出てきます。男の子は男らしく、女の子は女らしく。そんなことを現代で主張したら、一言「古い」で終わりでしょうな。

いま学生を教えていて、はなはだ目立つのは、女の子が元気がいい、男の子に元気がない、それです。街に出てレストランに昼飯を食いにいくと、お客はほとんど女性です。元気で活発で、おしゃれで、きれいなのは女性です。男はいけませんな。ドブネズミスタイルで、暑苦しい格好をして、イスラムみたいな抽象模様のネクタイで首を締めて、あんな格好をしろと、だれが決めたんですかな。大人がそれですから、学生も男子は元気がありません。講義で前の方の席に座るのは、たいてい女子学生です。

男女雇用機会均等法というのがありました。それならマスコミ業界は、ほとん

ど女性の職場になっているはずです。だって、入社試験をするとき、言語能力を測っているに違いないからです。言語能力を調べたら、女性のほうが、男性より上に決まってますな。ところが社員に男のほうが多いとすれば、試験にバイアスをかけてるに違いないのです。社員が女ばかりになったら困るっていうんでしょうな。雇用の機会均等からいうなら、これはインチキです。

フェミニズムというのが一時盛んでした。これには閉口しました。私はじつはフェミニストなんです。なにしろ母子家庭で育って、母親が稼いでましたから、うちでいちばん偉かったのは母親です。「女なしでは夜も明けぬ国」を地でいってました。

高校生のとき、自宅にサルを飼ってました。母親が勝手に飼うんだと決めちゃいました。でも世話をするのは私です。このサルがよく知ってましたな。庭でサルの面倒をみていると、さすがに私には愛想よくします。ところが突然、態度が変わるわけです。近くの人に吼《ほ》えたりする。なぜ急に態度が変わったんだろうと思ってあたりを見回すと、二階の窓に母親の顔が見えるんです。ボスが顔を出したから、たちまち態度を変えるんですな。一切サルの世話なんかしない母親を、サルのほうはボスだと見抜いているわけです。

女の子が元気で活発で、男の子がおとなしくて神経質、これを見ていると、昔の人がいったことがよくわかりますな。「女は女らしくしとやかに」「男は男らしく元気で活発に」と、それが「教育」ですな。放っておいたら、どうなるか。いまのようになるわけです。男がおとなしく、女が元気で活発。放っておいたら自然にそうなるものを「教育する」必要はありませんからな。教育でそれを「変えて」、なんとか男女のそれぞれが、ものの役に立つようにする。それが教育じゃないですか。それを一言「古い」で片付けてきました。その責任をだれがとるんですかね。

哺乳類では、メスが基本

日本の女性は抑圧されている。あるとき外国人のフェミニストがそういったから、

「抑圧されると、人間はずいぶん寿命が延びるんですなあ」

と申し上げました。なにしろ女性の平均寿命が八十五歳、世界一じゃないんですか。男なんか、まるで問題になりませんわな。

こんなことを書いていると、どこがフェミニストだと、叱られそうですな。私が最初に書いた本をぜひ読んでください。『形を読む』(培風館)という本なんです。そこに書いたことがあります。

人間の骨で、男女がいちばん異なるのはどこか。それは骨盤だと、たいていの人は知ってます。世界各国の解剖の教科書を読んでも、そう書いてあります。その通りなんですよ。さらに理由も書いてあります。女性の骨盤はお産に適するようにできている。だから男と違うんだというわけです。

これは明らかな偏見ですな。偏見ですけど、それを過激なフェミニストでも指摘しません。どういう偏見かというと、「お産をする」ことが必然とは思ってないところです。あなただって私だって、先祖代々、だれだって人間はお産で生まれてきたんですよ。それならお産をする骨盤が、「正しい」骨盤じゃないですか。お産がなけりゃ、人類は存続してこなかったんだから。男はお産をしないで済むから、骨盤の形が変わったんですよ。いってみりゃ、男の骨盤が「変な」骨盤なんですよ。男の骨盤だけになっていたら、たぶん人類は滅びてますな。でも、そう書いてある教科書は一つもありませんでした。

生物学をちょっと勉強すれば、哺乳類ではメスの形が基本だとわかります。オスを去勢すれば、メスの形に近づくじゃないですか。メスを去勢する、つまり卵巣を取り除いたって、さしてオスに近づきませんよ。聖書はアダムの肋骨《ろっこつ》をとってイヴを創ったと書きましたが、これは嘘ですな。イヴの肋骨をとってアダムを創ったんです。神様が間違えるはずはないから、聖書を書いた人間が書き違えたんでしょうな。

人間を分割する近代化とバリア・フリーの思想

男女にかぎらず、人間というものを分割する問題は、差別が絡《から》んでややこしいんです。犯罪もそうですし、病気もそうです。それについてきちんと論じないと、教育論は終わりません。でもまだ論じられる雰囲気ではありませんな。うっかり論じたら、ロクなことになりませんからね。そこで必要なのは、科学的、実証的なデータです。それはいま集められつつある段階です。はっきりしたことを論じるには時期尚早です。

なぜ人間を分割するかというと、それが近代主義なんですよ。言い方を変えれば、機能化するわけです。学校だってそうでしょ。知的障害とかいって、クラスを分けたりしている。よく考えてみれば、これは偏差値別と同じことじゃないですか。私が子どもの頃は、ダウン症の子どもも、小学校の同じクラスで勉強してましたよ。

つまり横割りが近代化なら、縦割りが共同体です。縦割りにしておけば、その中で「おたがいに面倒をみる」わけです。横割りにすれば、身障者専用のエレベーターを作ることになる。縦割りなら、身障者であるその人の面倒を、だれか仲間がみるわけです。どちらがいいか。そんなこと、わかりませんな。私は一元論者じゃありませんから、いつでも両方必要だと思ってます。でもいまの世の中は、どんどん横割りに動いてます。一元論の影響が強いですから。それで進歩だ、客観的だ、公平だ、平等だと思っている。

そこで一つだけ具体例を挙げて、私の教育論を終わりにしたいと思います。

私が講義しているのは、大学の建物の三階です。階段を上って行くんです。爺さんには息が切れますな。ある日、講義に出かけたら、なんと三階までエレベーターができてるんですよ。シメタと思って乗ろうとしたら、身障者専用と上に書いてある。俺は身障者か。高齢者ははたして身障者か。それを考えたら、むずかしくてわからなくなったから、結局乗りませんでした。これまで毎年乗ってないんだから、べつに乗らなくても間に合う。

講義が済んで、事務の人に聞いてみました。

「なんでエレベーターができたんだ」

「それは先生、バリア・フリーの世の中ですから」

だから私はいいました。

「バリア・フリーというんなら、入学試験をなんとかしてくれよ。手足の具合が悪かったら、エレベーターまで作ってくれるけど、頭の具合が悪かったら、大学は門前払いじゃないか」

皆さんがどう思われるか、私は知りません。でもあとはご自分でお考えください。男と女でもわかるように、人間というものをあれこれに分割すると、それだけで問題が生じるんですよ。じゃあ、分けなきゃいいかといっても、そうはいかない。共同体と機能体については、また別な本を書かなきゃなりませんな。

著者紹介
養老孟司（ようろう　たけし）
1937年鎌倉市生まれ。東京大学医学部卒業。専門は解剖学。1995年東京大学医学部教授を退官し、同大学名誉教授に。2006年京都国際マンガミュージアム館長に就任。2017年より同名誉館長。心の問題や社会現象を、脳科学や解剖学などの知識を交えながら解説し、多くの読者を得ている。
著書に『唯脳論』（青土社）、『からだの見方』（サントリー学芸賞受賞、筑摩書房）、『日本人の身体観の歴史』（法藏館）、『バカの壁』（新潮社）、『涼しい脳味噌』（文藝春秋）、『京都の壁』（ＰＨＰ研究所）など多数。

本書は、2003年8月にＰＨＰ研究所より刊行された『養老孟司の〈逆さメガネ〉』を改題したものである。
人物の肩書・年齢、組織名、時代状況などは、発刊当時のままとした。

PHP文庫　逆さメガネで覗《のぞ》いたニッポン

2017年9月15日　第1版第1刷
2024年2月15日　第1版第2刷

著　者　養　老　孟　司
発行者　永　田　貴　之
発行所　株式会社ＰＨＰ研究所
東京本部　〒135-8137 江東区豊洲5-6-52
ビジネス・教養出版部　☎03-3520-9617(編集)
普及部　☎03-3520-9630(販売)
京都本部　〒601-8411 京都市南区西九条北ノ内町11
PHP INTERFACE　https://www.php.co.jp/
組　版　有限会社エヴリ・シンク
印刷所
製本所　大日本印刷株式会社

ISBN978-4-569-76778-9

PHP文庫

情緒と日本人

岡 潔 著

人と人との間にはよく情が通じ、人と自然の間にもよく情が通じます。これが日本人です――憂国の数学者が日本人に伝え残したこととは。

PHPの本

日本のリアル

農業、漁業、林業、そして食卓を語り合う

養老孟司 著

耕さない田んぼ、「家族と食」に関する本物の社会調査……。養老孟司が自身を驚かせた4人と共に、日本人の基本的な問題を問い直す。

PHPの本

文系の壁

理系の対話で人間社会をとらえ直す

養老孟司 著

本当の理系思考とは「前提を問う力」だ――。森博嗣（工学）、藤井直敬（脳科学）、鈴木健（複雑系）、須田桃子（新聞記者）と共に考える。

PHPの本

養老孟司の人生論

養老孟司 著

――私の人生では「新しい」こと、つまりまだ済んでないことがあります。それは死ぬことです。養老孟司が「死」から語り始める人生論。

PHPの本

京都の壁

養老孟司 著

千年の都・京都にはいくつかの壁が存在する。京都らしさ、日本らしさを体現したこれらの壁の正体とは？ 10の視点から考察する。